Wie erkenne ich KI-generierte Texte?

Von Ute-Marion Wilkesmann

Wie erkenne ich KI-generierte Texte?

Ein Ratgeber

von Ute-Marion Wilkesmann

Bibliografische Information der Deutschen Nationalbibliothek:
Die Deutsche Nationalbibliothek verzeichnet diese Publikation in der Deutschen Nationalbibliografie; detaillierte bibliografische Daten sind im Internet über dnb.dnb.de abrufbar.

Herstellung und Verlag:
BoD – Books on Demand, Norderstedt

ISBN: 978 3757 887360

Inhaltsverzeichnis

Einleitung

Mit dem Aufkommen von künstlicher Intelligenz (KI) werden KI-generierte Texte in verschiedenen Bereichen immer häufiger verwendet. Dieser Ratgeber bietet praktische Strategien und Tipps, um KI-generierte Texte zu identifizieren und ihre Authentizität zu überprüfen.

Dafür sind vor allem zwei Fragen zu klären:

- Was sind KI-generierte Texte?
- Warum ist es wichtig, solche Texte erkennen zu können?

Diese Fragen werden in Kapitel 1 beantwortet. Kapitel 2 gibt eine Hilfestellung, wie du Quellen überprüfen kannst, was in Kapitel 3 (Analyse) weiter vertieft wird. Kapitel 4 gibt weitere Hinweise, wie man Quellen und Tatsachen finden bzw. überprüfen kann.

Kapitel 5 stellt Tools vor, die dir bei dieser Arbeit helfen können. Denn die künstlichen Intelligenzen werden weiter entwickelt. Da macht es Sinn, Gleiches mit Gleichem zu ‚schlagen‘.

Kapitel 6 hilft außerdem, eines der wichtigsten Werkzeuge des Menschen zu schärfen und anzuwenden: den gesunden Menschenverstand.

Dazu kommen noch eine Einleitung (du liest sie gerade), ein Schlusswort, zehn Übungen für dich und 16 Aufgaben für zwei kostenlose KIs (ChatGPT von openai und BARD von google).

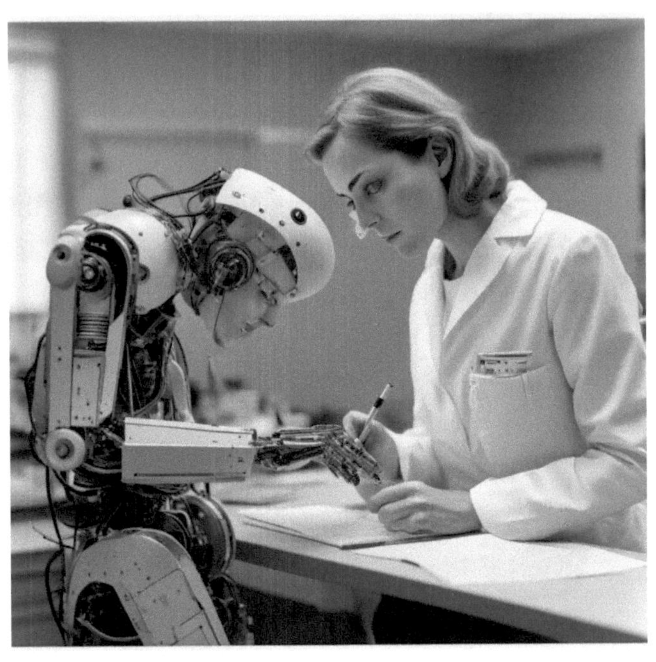

10

Kapitel 1: Verständnis von KI-generierten Texten

1.1 Was sind KI-generierte Texte?

- *Definition von KI-generierten Texten und ihre Verwendung*

KI-generierte Texte sind Textinhalte, die mithilfe von künstlicher Intelligenz (KI) oder maschinellem Lernen anstatt von menschlichen Autoren erstellt werden. Diese Texte können auf verschiedenen KI-Technologien basieren, darunter neuronale Netzwerke, GPT (Generative Pre-trained Transformer)-Modelle und andere fortschrittliche Algorithmen.

Die Verwendung von KI-generierten Texten ist vielfältig und erstreckt sich auf verschiedene Bereiche:

1. **Content-Erstellung:** Unternehmen nutzen KI-generierte Texte, um automatisch Inhalte für Websites, Blogs, soziale Medien und Marketingmaterialien anzufertigen. Dies er-

möglicht eine effizientere Content-Produktion.

2. **Nachrichten und Artikel:** Einige Nachrichtenagenturen und Verlage setzen KI ein, um automatisierte Nachrichtenberichte und Artikel zu erstellen, insbesondere für Finanz- und Sportnachrichten.

3. **Chatbots und Kundenbetreuung**: KI-generierte Texte werden in Chatbots und virtuellen Assistenten verwendet, um natürlichsprachliche Interaktionen mit Benutzern zu ermöglichen und Kundenserviceanfragen zu bearbeiten.

4. **Übersetzungen:** KI-Systeme (beispielsweise neuronale maschinelle Übersetzung) verwenden KI-generierte Texte, um Übersetzungen in verschiedene Sprachen anzufertigen.

5. **Datenauswertung:** KI-Modelle können große Mengen an Textdaten analysieren, Muster erkennen und Erkenntnisse für Forschungszwecke, Marketinganalysen und Trendprognosen generieren.

6. **Kreative Schreibarbeit:** Künstler und Schriftsteller nutzen KI-Texte, um kreative

Ideen auszuarbeiten, Inspiration zu finden oder sogar ganze Geschichten zu verfassen.

7. **Rechtsdokumente und Berichte:** Anwaltskanzleien und Unternehmensberatungen verwenden KI, um rechtlich relevante Dokumente, Verträge und Berichte zu verfassen, wodurch die Arbeitsbelastung reduziert wird.

Obwohl KI-generierte Texte in vielen Zusammenhängen nützlich sind, gibt es auch ethische Bedenken sowie Probleme bei Urheberrechten und der Fähigkeit, die Authentizität solcher Texte sicherzustellen.

- *Unterscheidung zwischen KI-Texten und von Menschen verfassten Texten.*

Die Unterscheidung zwischen diesen beiden Textarten kann manchmal eine Herausforderung darstellen, da KI-Technologien immer ausgefeilter werden. Dennoch gibt es einige Merkmale und Hinweise, anhand derer man zwischen den beiden Textarten differenzieren kann:

1. Qualität und Kohärenz[*] des Textes

o **Mensch:** Die Texte sind eher gut strukturiert, grammatikalisch korrekt und weisen einen natürlichen Schreibstil auf. Sie sind in der Lage, komplexe Ideen und Nuancen auszudrücken.

o **KI:** Diese Texte weisen gelegentlich Unstimmigkeiten in Grammatik und Logik auf. Sie neigen auch dazu, sich wiederholende Muster oder Phrasen zu verwenden. Bei Texten von minderer Qualität kann dies ein Hinweis auf KI-Generierung sein.

2. Kreativität und Originalität

o **Mensch:** Menschen können kreativ schreiben und originelle Ideen ausdrücken. Ihre Texte verfügen oft über einen persönlichen Stil, der schwer nachzuahmen ist.

o **KI:** KI-Modelle sind darauf programmiert, Muster aus bestehenden Texten zu lernen und zu imitieren. Dies kann dazu führen, dass solche Texte weniger originell und einfallsreich wirken.

---

[*] Ein Text ist kohärent, wenn Sätze und Absätze logisch und zusammenhängend verbunden sind.

3. **Kontext und Emotionalität**

o **Mensch:** Ihre Texte können persönliche Erfahrungen, Emotionen und menschliche Empathie ausdrücken. Sie beziehen sich auf aktuelle Ereignisse und persönliche Erlebnisse.

o **KI:** KI-generierte Texte neigen dazu, emotionale Nuancen und individuelle Empfindungen schlechter zu erfassen. Sie sind oft weniger an aktuelle Ereignisse oder persönliche Geschichten gebunden.

4. **Anzeichen von Automatisierung**

o **Mensch:** Es liegt in der Natur der Sache, dass Texte aus Menschenhand keine offensichtlichen Hinweise auf Automatisierung oder maschinelle Generierung enthalten.

o **KI:** In einigen Fällen können KI-Texte Anzeichen für Automatisierung aufweisen, z. B. wiederholte Strukturen oder generische Phrasen[*]. Einige dieser Texte enthalten sogar spezi-

---

[*] Generische Phrasen sind sprachliche Ausdrücke, die sich auf eine Gruppe von Personen oder Dingen beziehen, ohne dabei auf eine bestimmte Person oder Sache zu verweisen. Sie werden oft verwendet, um allgemeine Aussagen zu treffen oder um Beispiele zu geben. Ein Beispiel: „Menschen sind freundlich." Diese Phrase bezieht sich auf alle Menschen, ohne dabei auf eine bestimmte Person zu verweisen.

fische Marker, die auf ihre maschinelle Herkunft hinweisen können.

5.   Quellenangaben und Verifikation

o **Mensch:** Ihre Texte können auf nachvollziehbare Quellen, Autoren oder Experten verweisen, die für den Inhalt verantwortlich sind.
o **KI:** Diese Texte sind möglicherweise schwerer nachvollziehbar, wenn es um die Quellen des Inhalts geht.

Die Grenze zwischen KI- und menschlichen Texten verschwimmt manchmal, da KI-Modelle immer besser darin werden, den Schreibstil von Menschen zu imitieren. Suche daher nach mehreren dieser Anzeichen und Hinweise, um fundiert darüber zu entscheiden, ob ein Text von einer KI oder einem Menschen verfasst wurde. Faktenüberprüfung und Überprüfung von Quellen sind weitere wichtige Schritte, um die Authentizität von Texten sicherzustellen.

1.2 Warum ist die Erkennung wichtig?

Die Bedeutung der Unterscheidung von KI-Texten für Informationsqualität und Vertrauenswürdigkeit

In verschiedenen Bereichen ist es wichtig, KI- von menschlichen Texten zu unterscheiden, um die Informationsqualität und Vertrauenswürdigkeit zu gewährleisten. Warum ist das wichtig?

1. Vermeidung von Fehlinformationen und Desinformation

Wenn KI-generierte Texte als menschliche Beiträge fehlinterpretiert werden, besteht das Risiko, dass sich fehlerhafte oder irreführende Informationen ausbreiten. Das kann das Vertrauen in Medien und Online-Inhalte beeinträchtigen.

2. Qualitätssicherung von Inhalten

Von Menschen verfasste Texte sollten das Ergebnis von Forschung, Wissen und Erfahrung sein und sind dies auch häufig. Sie sind oft besser recherchiert und bieten in vielen Fällen eine höhere Informationsqualität. Die Akzeptanz von

KI-Texten als menschliche Texte könnte dazu führen, dass minderwertige oder ungenaue Informationen akzeptiert werden.

3. Wahrung der Glaubwürdigkeit von Medien und Quellen

Medien und Nachrichtenquellen müssen das Vertrauen ihrer Leser und Zuschauer aufrechterhalten. Die Verwendung von KI-Texten ohne klare Kennzeichnung oder Offenlegung kann das Vertrauen in die Medienlandschaft untergraben, da Herkunft und Qualität der Informationen in Frage gestellt werden, je mehr Menschen die KI-Tätigkeiten bewusst werden.

4. Ethik und Transparenz

Die Unterscheidung zwischen KI-Texten und ‚menschlichen' Texten ist ebenso eine ethische Frage. Es muss transparent gemacht werden, wer den Text erstellt hat. Nur so ist die Integrität der Informationsquelle gewährleistet und sichergestellt, dass die Menschen wissen, von wem sie Informationen erhalten.

5. Schutz vor Manipulation und Propaganda

KI kann auch dazu missbraucht werden, manipulative oder propagandistische Texte zu erstellen. Die Erkennung von KI-Texten ermöglicht es, solche Versuche zur Beeinflussung der öffentlichen Meinung aufzudecken und ihnen entgegenzuwirken.

6. Förderung der Medienkompetenz

Die Fähigkeit, KI-Texte von Menschen-Texten zu unterscheiden, ist Teil der Medienkompetenz. Wenn du lernst, diese Unterscheidung zu treffen, fällt es dir leichter, qualitativ hochwertige und vertrauenswürdige Informationen auszuwählen.

Dazu sollte eine KI als Verfasser klar gekennzeichnet sein. Die Förderung bewährter Praktiken bei der Verwendung von KI-Technologien ist entscheidend, um die Qualität und Vertrauenswürdigkeit von Informationen zu bewahren. Nur wenn Menschen sicher und kompetent mit verschiedenen Informationsquellen umgehen können, wird eine informierte und aufgeklärte Gesellschaft gefördert,

Merkmale KI-generierter Texte

KI-generierte Texte weisen bestimmte Merkmale auf, die darauf hinweisen, dass sie von künstlicher Intelligenz erstellt wurden. Diese Merkmale können je nach den verwendeten KI-Technologien und -Modellen variieren. Es folgen einige häufige Anzeichen für ‚nichtmenschliche‘ Texten:

Mangel an persönlichem Hintergrund:

KI-Texte enthalten normalerweise keine Informationen über den Autor, seine Erfahrungen oder seinen eigenen Standpunkt. Es fehlen Einblicke oder subjektive Elemente.

Wiederholende Muster:

KI-Modell neigen zu sich wiederholenden Mustern in der Wortwahl oder Satzstruktur. Dies kann auf den Algorithmus hinweisen, der hinter der Generierung steht.

Fehlende emotionale Tiefe:

KI-Texten mangelt es oft daran, Emotionen oder menschliche Empathie angemessen auszudrücken. Ihre Texte fühlen sich dann oberflächlich an oder es fehlt eine nuancierte Darstellung von Gefühlen.

Verwendung generischer Phrasen:
In KI-Texten finden wir gelegentlich Phrasen oder Ausdrücke, die generisch oder abstrakt wirken. Das verweist auf eine maschinelle Herkunft des Textes.

Unnatürliche Klarheit:
In einigen Fällen wirken KI-Texte unnatürlich klar und präzise, vor allem wenn komplexe Konzepte erklärt werden. Dies kann auf die Verarbeitung von Daten mithilfe von Algorithmen hinweisen.

Fehlende Aktualität oder Relevanz:
KI-Texte präsentieren möglicherweise Informationen oder Daten, die veraltet oder nicht auf aktuelle Ereignisse bezogen sind. Ebenso sind allgemeine oder nicht spezifische Informationen möglich.

Begrenzte Fähigkeit zur kreativen Schreibweise:
Zwar können KI-Modelle Texte erstellen, ihnen fehlt jedoch oft die Fähigkeit zur echten Kreativität und Originalität. Dies kann man den Texten dann auch ansehen.

Geringere Sensibilität für menschliche Nuancen:
KI-Texte haben oft Schwierigkeiten dabei, menschliche Feinheiten wie Ironie oder kulturelle Anspielungen zu verstehen und in ihren Texten angemessen zu berücksichtigen.

Mangel an konkreten Quellenangaben:
KI-Texte führen eher weniger präzise Quellenangaben oder Verweise auf Studien und Experten auf. Stattdessen werden allgemeinere oder vage, teils auch erfundene Quellen genannt.

Verwendung von Schlüsselwörtern:
KI-generierte Texte verwenden oft Schlüsselwörter, die für das Thema des Textes relevant sind. Diese verwenden sie jedoch oft wiederholt und in einem unnatürlichen Kontext.

Achtung: Wie schon oben angerissen, enthalten nicht alle KI-Texte eindeutige Anzeichen für ihre maschinelle Herkunft. Einige KI-Modelle sind äußerst fortgeschritten und können menschenähnliche Texte erzeugen. Daher ist es ratsam, dass du mehrere Merkmale und Hinweise zur Hand nimmst, um zu entscheiden, ob ein Text von einer KI oder einem Menschen geschrieben.

Kapitel 2: Überprüfen von Quellen

2.1 Recherchieren der Ursprungsquelle

Suche nach Hinweisen auf die Ursprungsquelle des Texts.

Das heißt, versuche, Informationen oder Anzeichen dafür zu finden, woher ein bestimmter Text stammt oder wer ihn verfasst hat. Dies ist wichtig, um die Glaubwürdigkeit und die Absichten hinter dem Text besser zu verstehen. Wie kann man nach Hinweisen auf die Ursprungsquelle eines Textes suchen?

Autorenangaben: Überprüfe den Text auf Informationen über den Autor bzw. die Autoren. Sie können im Text selbst, in einem Vorwort, einer Autorenbiografie oder in einem Impressum stehen.

Publikationsdatum: Suche nach dem Datum, an dem der Text veröffentlicht wurde. Es kann Hinweise darauf liefern, wie aktuell die Informationen sind und ob der Text zu einem bestimmten Ereignis oder Zeitraum gehört.

Herausgeber oder Veröffentlichungsquelle:
Wenn der Text in einer Zeitschrift, Zeitung, einem Magazin oder auf einer Website veröffentlicht ist, finde den Herausgeber oder die Veröffentlichungsquelle heraus. Dies kann helfen, die Glaubwürdigkeit des Textes einzuschätzen.

Quellenverweise: Überprüfe, ob der Text auf andere Quellen, Studien, Experten oder wissenschaftliche Arbeiten verweist. Diese Verweise helfen dir, die Grundlage für die im Text präsentierten Informationen zu verstehen.

Online-Suchmaschinen: Verwende Suchmaschinen wie Google oder Bing usw., um dort den Text oder Schlüsselbegriffe aus dem Text zu suchen. So kannst du ähnliche oder identische Texte finden und die Ursprungsquelle identifizieren.

Social-Media-Profile: Wenn der Text auf sozialen Medien geteilt wurde, gehe den Verweisen auf die Profile oder Konten der Personen nach, die den Text geteilt haben. Dies kann dir Aufschluss darüber geben, wer den Text verbreitet.

Recherche-Tools: Nutze spezialisierte Recherche-Tools und Websites, um die Herkunft von Texten zu verfolgen und deren Glaubwürdigkeit zu überprüfen. Einige Fact-Checking[*]-Organisationen bieten solche Tools an (siehe weiter unten).

Kontakt mit dem Autor oder der Veröffentlichungsquelle: Wenn möglich und wichtig für dich, kannst du bei einem Thema versuchen, den Autor oder die Veröffentlichungsquelle direkt zu kontaktieren, um weitere Informationen über den Ursprung des Textes zu erhalten.

Die Suche nach Hinweisen auf die Ursprungsquelle eines Textes ist eine wichtige Methode, um die Authentizität und Glaubwürdigkeit von Informationen zu bewerten. Sie ermöglicht es dir, die Quelle zu überprüfen und sicherzustellen, dass der Text von einer vertrauenswürdigen und zuverlässigen Quelle stammt.

---

[*] „Faktenprüfung" oder „Faktenermittlung"

Hinweise auf KI-Generierung oder -Automatisierung

Es gibt einige Anzeichen, die darauf hindeuten, dass ein Text von einer KI generiert wurde. Diese Hinweise können sich auf Grammatik und Rechtschreibung, Stil und Struktur des Textes oder den Inhalt und Kontext des Textes beziehen.

Grammatik und Rechtschreibung

KI-generierte Texte können Fehler in der Grammatik und Rechtschreibung enthalten. Dies liegt daran, dass KI-Modelle nicht in der Lage sind, die komplexen Regeln der menschlichen Sprache vollständig zu ‚verstehen‘. Vor allem auch die deutsche Sprache bietet hier diverse ‚Fußfallen‘.

Hier sind einige Beispiele für Fehler in Grammatik und Rechtschreibung in KI-generierten Texten. Falsch können sein:

- Artikel oder Pronomen (Fürwörter)
- Verbformen
- Präpositionen
- Satzzeichen
- Rechtschreibung

Stil und Struktur

KI-generierte Texte wirken oft formal und standardisiert. Sie können auch stilistisch schlechte Wiederholungen oder ungewöhnliche Sprachkonstruktionen enthalten.

Hier sind einige Beispiele für stilistische und strukturelle Merkmale, die KI-generierte Texten, enthalten:

- formelle Sprachformen,
- überzogene Fachtermini,
- Wiederholungen,
- ungewöhnliche Sprachkonstruktionen,
- generische Phrasen (Erklärung s. weiter oben).

Inhalt und Kontext

KI-generierte Texte können Inhalte enthalten, die für Menschen weder plausibel noch realistisch sind. Dazu zahlen auch solche, die gegen die Regeln der Logik oder Vernunft verstoßen.

Hier sind einige Beispiele für Inhalts- und Kontextmerkmale in KI-generierten Texten:

- unplausible oder unrealistische Inhalte,
- Verstöße gegen die Regeln der Logik oder Vernunft,

- sich widersprechende bzw. widersprüchliche Inhalte,
- Inhalte, die offensichtlich gefälscht sind.

Hinweise auf die Verwendung einer KI

KI-Modelle sind oft mit bestimmten Phrasen oder Wörtern gekennzeichnet. Wenn du diese Phrasen oder Wörter in einem Text findst, liegt es nahe, dass der Text von einer KI generiert wurde.

Hier sind einige offensichtliche Beispiele für Hinweise auf die Verwendung einer KI:

- „Dieser Text wurde von einer KI generiert."
- „Dieser Text wurde mithilfe von KI-Technologie erstellt."
- „Dieser Text wurde von einem KI-Modell erstellt."

2.2 Prüfe die Vertrauenswürdigkeit der Website oder Plattform

Es gibt einige Möglichkeiten, die Glaubwürdigkeit einer Website oder Plattform zu überprüfen.

- Achte auf die Domain-Endung. Seriöse Websites haben in der Regel eine Domain-Endung wie .com, .org oder .edu. Websites mit anderen Domain-Endungen, wie .info, .net oder .biz, sind möglicherweise weniger vertrauenswürdig.

- Überprüfe das Impressum. Seriöse Websites haben in der Regel eine Impressumsseite (in Deutschland Pflicht), die Informationen über den Eigentümer und die Betreiber der Website enthält. Dazu zählen der Name des Unternehmens, seine Adresse und die Telefonnummer sowie auch eine E-Mail-Adresse.

- Suche nach Kontaktinformationen. Vertrauenswürdige Websites bieten Kontaktinformationen, über die du dich mit dem Betreiber der Website in Verbindung setzen kannst. Diese Informationen sollten mindestens eine Telefonnummer, eine E-Mail-Adresse und eine Adresse enthalten.

- Überprüfe die Autoren der Inhalte. Es gehört zum guten Stil, dass Websites die Namen ihrer Autoren veröffentlichen. Diese Autoren sollten die erforderlichen Qualifikationen und

Erfahrungen besitzen, um das Thema angemessen zu behandeln.

- Suche nach Quellenangaben. Die Quellen sollten aufgeführt und zuverlässig sein und die enthaltenen Inhalte unterstützen.
- Überprüfe die Kommentare und Bewertungen. Die meisten Websites haben eine Kommentar- oder Bewertungsfunktion, über die Benutzer ihre Meinung zu den Inhalten äußern können. Lies die Kommentare und Bewertungen, um dir ein Bild von der Qualität der Inhalte zu machen. Achte dabei auch auf die Qualität der Bewertungen und Kommentare. Verdächtig ist es z. B., wenn alle Bewertungen voll des Lobes sind. Am aussagekräftigsten sind Texte, in denen nachvollziehbare und realistische Erfahrungen aufgeführt sind.
- Verwende deinen eigenen Instinkt. Wenn eine Website oder Plattform dir unglaubwürdig erscheint, ist es wahrscheinlich, dass sie es auch ist. Vertraue deinem Bauchgefühl und vermeide es, Informationen von Websites oder Plattformen zu übernehmen, denen du nicht vertraust.

- Finde mit Hilfe einer Suchmaschine Informationen über die Website oder Plattform.

- Lies andere Websites oder Plattformen, auf denen über die fragliche Website oder Plattform berichtet wird.

- Frage Freunde oder Kollegen, ob sie die Website oder Plattform kennen und ob sie diese für vertrauenswürdig halten.

Mit ein wenig Übung kannst du die Glaubwürdigkeit von Websites und Plattformen schnell und zuverlässig überprüfen.

Warnsignale für fragwürdige Quellen.

Es gibt einige Alarmzeichen, die auf die Fragwürdigkeit einer Quelle hindeuten. Dazu gehören:

- Die Quelle ist nicht eindeutig oder schlecht definiert. Es ist schwierig zu sagen, wer die Quelle ist oder woher die Informationen stammen.

- Sie ist weder zuverlässig noch vertrauenswürdig, und es ist bekannt, dass dort in der Vergangenheit schon falsche oder irreführende Informationen verbreitet wurden.

- Sie hat eine voreingenommene Agenda und ist bestrebt, ein bestimmtes Ergebnis zu erzielen, egal was die Wahrheit ist.
- In der Quelle wird eine emotionale oder manipulative Sprache verwendet und versucht, Leser über die emotionale Seite zu beeinflussen.
- Sie enthält Fehler oder Ungereimtheiten, und die genannten Informationen sind falsch oder widersprüchlich.
- Andere Quellen, die als vertrauenswürdig gelten, unterstützen die Aussagen der überprüften Quelle nicht.

Wenn du eines oder mehrere dieser Warnsignale erkennst, solltst du die Informationen in der Quelle mit Vorsicht genießen. Es ist möglich, dass sie falsch oder irreführend sind.

Hier sind einige zusätzliche Tipps für die Identifizierung seriöser Quellen:

- Seriös ist es, Quellen für die genannten Informationen anzugeben. Diese Quellen sollten zuverlässig sein und die Informationen, die in der Quelle enthalten sind, unterstützen.
- Suche andere Websites oder Plattformen, die über das Thema berichtet haben. Wenn dort

die gleichen Informationen aus anderen Quellen zitiert werden, ist es wahrscheinlicher, dass die Informationen zuverlässig sind. Sei vorsichtig, wenn Informationen auf unterschiedlichen Seiten mit gleicher (manipulativer Aussage) identisch formuliert sind und offenbar einer vom anderen abgeschrieben hat. Verdächtig ist auch, wenn es für eine Aussage anscheinend überhaupt nur eine Quelle gibt. Was allerdings auch ein Hinweis, auf schlechte Recherche durch Menschen sein kann.

- Wenn Freunde oder Kollegen die Quelle kennen und für vertrauenswürdig halten, ist es wahrscheinlicher, dass die Informationen auch wirklich zuverlässig sind.

Mit ein wenig Übung kannst du fragwürdige Quellen schnell und zuverlässig identifizieren.

Kapitel 3: Analyse des Schreibstils und der Qualität

3.1 Untersuche den Schreibstil

Manche Punkte sprechen hier das oben gesagt nochmals an. Aber: Manche Dinge kann man auch nicht oft genug sagen. ;-)

Maschineller Schreibstil

Von künstlicher Intelligenz generierter Text kann sich von menschlichem Text auf verschiedene Weise unterscheiden. Einige Anzeichen eines maschinellen Schreibstils sind:

- *Fehler in der Grammatik und Rechtschreibung.* Maschinelle Modelle sind nicht in der Lage, die komplexen Regeln der menschlichen Sprache vollständig zu verstehen. Daher können sie vor allem in einer Sprache wie Deutsch Fehler in der Grammatik und Rechtschreibung enthalten.

- *Formelle oder standardisierte Sprache.* Maschinell generierte Texte sind oft sehr formal und standardisiert. Dies liegt daran, dass maschinelle Modelle auf großen Datensätzen von Texten geschult werden, die ebenfalls formal und standardisiert sind.

- *Wiederholungen oder ungewöhnliche Sprachkonstruktionen.* Maschinell generierte Texte können Wiederholungen oder ungewöhnliche Sprachkonstruktionen enthalten. Maschinelle Modelle haben manchmal Schwierigkeiten, neue und kreative Textformate zu generieren.
- *Unplausible oder unrealistische Inhalte.* Maschinell generierte Texte können Inhalte enthalten, die für Menschen nicht realistisch oder nachvollziehbar sind. Dies liegt daran, dass maschinelle Modelle auch mit Daten trainiert werden, die nicht genau oder aktuell sind.

Suche nach wiederkehrenden Mustern oder einer ungewöhnlichen Satzstruktur.

Dafür gibt es einige Möglichkeiten:

- Lies dir den Text aufmerksam durch. Achte auf Wörter oder Phrasen, die sich häufig wiederholen. Achte auch auf Satzstrukturen, die untypisch oder ungewöhnlich sind.

- Verwende einen Textanalysator[*]. Er kann dir helfen, Muster und Strukturen in Texten zu erkennen und wiederkehrende Wörter und Phrasen, ungewöhnliche Satzstrukturen und andere Anzeichen für KI-Generierung zu finden.

- Wende deinen Instinkt an. Wenn etwas in einem Text sich nicht so liest oder anhört, wie es sein sollte, kann es sich um einen KI-generierten Text handeln. Vertraue deinem Bauchgefühl und achte auf Formulierungen und Inhalte, die dir seltsam oder unglaubwürdig erscheinen.

- Suche nach Wörtern oder Phrasen, die sich häufig wiederholen. Dies kann ein Hinweis sein, da KI-Modelle manchmal Schwierigkeiten haben, neue und kreative Wörter oder Phrasen zu generieren.

- Suche nach Satzstrukturen, die untypisch oder ungewöhnlich sind, denn KI-Modelle können nicht immer komplexe Satzstrukturen verstehen oder schreiben.

---

[*] Ein Textanalysator ist ein Computerprogramm, das Texten Informationen über ihren Inhalt, Stil und Struktur entnimmt. Diese Informationen können verwendet werden, um den Text zu verstehen, zu bewerten oder zu kategorisieren.

- Suche, ob etwas unplausibel oder widersprüchlich ist. KI-Modelle werden nämlich manchmal mit Daten trainiert, die nicht genau oder aktuell sind.

3.2 Bewerte die Textqualität

Prüfe die Klarheit, Kohärenz und Relevanz des Textes.

Hier sind einige Schritte, die dir dabei helfen können:

o Lies dir den Text sorgfältig durch, um ein grundlegendes Verständnis für seinen Inhalt zu entwickeln.

o Prüfe, ob das Hauptthema oder die Hauptbotschaft des Textes klar und deutlich ist. Wenn du Schwierigkeiten hast, das Hauptthema zu erkennen, könnte dies auf mangelnde Klarheit hinweisen.

o Überprüfe, dass der Text eine klare Struktur hat. Ein gut strukturierter Text enthält eine Einleitung, einen Hauptteil und einen Schluss. Die Absätze sind logisch angeordnet und die Leser werden mit Hilfe von Übergangssätzen von einem Absatz zum nächsten geführt. Genauso gut achte aber auch auf ‚Überstrukturierung‘. KIs lieben Aufzählungen und Bullets.

o Achte auf Wortwahl und Satzbau. Ein klarer und präziser Schreibstil ist wichtig, um sicherzustellen, dass die Informationen leicht verständlich sind. An dieser Stelle versagen leider auch viele Menschen. ;-)

o Überprüfe, ob die Informationen im Text kohärent und miteinander verbunden sind. Stelle sicher, dass es klare Verbindungen zwischen den Sätzen und Absätzen gibt. Wenn der Text springt oder nicht zusammenhängend ist, beeinträchtigt dies die Kohärenz.

o Prüfe ob die Aussagen durch Beispiele, Beweise oder Illustrationen gestützt werden und ob diese Beispiele relevant und verständlich sind und zur Unterstützung der Hauptthemen beitragen.

o Ein weiteres Anzeichen ist, wenn der Text unwichtige oder redundante Informationen enthält, die die Klarheit beeinträchtigen könnten.

o Das laute Vorlesen eines Textes kann dir dabei helfen, eventuelle Unklarheiten oder sprachliche Probleme festzustellen. Dies kann ebenfalls dazu beitragen, den Fluss und die Kohärenz zu bewerten.

Zusammenfassend: Lies den Text aufmerksam durch. Kannst du den Text leicht verstehen? Suche nach unbekannten Wörtern oder Phrasen. Ist der Aufbau logisch? Sind die einzelnen Sätze und Absätze miteinander verbunden und tragen sie zum Gesamtverständnis bei? Ist der Text relevant für den Kontext? Enthält er alle wichtigen Informationen, die du als Leser benötigst?

Wenn du diese Tipps befolgst, kannst du die Klarheit, Kohärenz und Relevanz eines Textes besser beurteilen und einschätzen, ob es sich um einen KI-Text handelt.

Achte auf Rechtschreib- und Grammatikfehler, die auf maschinelle Erstellung hinweisen könnten.

Maschinell generierte Texte sind oft fehlerhaft, da sie nicht die komplexen Regeln der menschlichen Sprache vollständig verstehen. Hier sind einige Rechtschreib- und Grammatikfehler, die auf maschinelle Erstellung hinweisen könnten:

1. *Fehler in der Groß- und Kleinschreibung*
    „Ich habe einen hund und eine Katze" (richtig: „Ich habe einen Hund und eine Katze").

2. *Fehler in der Rechtschreibung*

„Ich esse gern Kuhchen" (richtig: „Ich esse gern Kuchen").

3. *Grammatikfehler*

„Der Hund ist auf dem Tisch gesprungen" (richtig: „Der Hund ist auf den Tisch gesprungen").

4. *Ungewöhnliche Satzstrukturen*

„Die Katze ist ein Haustier, Haustiere sind sehr beliebt".

5. *Fehlerhafte Wortwahl*

„Der Koch fügte großzügige Mengen Salz zum Kuchenrezept hinzu, um den Geschmack zu süßen." (richtiger: „Der Koch fügte Salz zum Kuchenrezept, um den süßen Geschmack zu unterstreichen."

6. *Fehlende Plausibilität oder Widersprüche*

„Die Katze flog durch die Luft". „Emil, der überzeugte Vegetarier, bestellte sich einen saftigen Steakburger."

7. *Substantiv-Deklination*

„Der Autos fährt schnell."

8. *Konjugationsfehler*

„Ich gehen ins Kino."

9. *Inkonsistente Zeitformen*
    „Er gestern gehen zur Schule, aber heute bleibt er zu Hause."
10. *Falsche oder merkwürdige Wortwahl'*
    „Ich habe einen Apfel in mein Auge gesteckt, und jetzt tut es sehr Auge." Oder: „Manche Texte, vor allem wissenschaftliche oder akademische Sachen, ..."
11. *Inkonsistente Satzstruktur*
    „Er liebt es, Tennis zu spielen, und in den Abendstunden."
12. *Verwechslung ähnlich klingender Wörter*
    „Ich habe eine Fehlleistung gemacht."
13. *Satzfragment:*
    „Lief schnell."
14. *Doppelte oder fehlende Wörter:*
    „Ich habe gestern einen Film gesehen und einen Film genossen" bzw. „Sie hat einen Hund und Katze."

Natürlich ist nicht jeder Text, der solche Fehler enthält, von einer KI geschrieben. Auch menschliche Autoren machen Fehler. Wenn du jedoch mehrere oder besonders merkwürdige Fehler dieser Art in einem Text findest, ist es ein Hinweis darauf, dass der Text von einer KI generiert wurde.

Beim Aufspüren solcher Fehler in maschinell genierten Texten kannst du die folgenden Hilfen verwenden:

- Gib den Text in ein Textverarbeitungsprogramm mit eingebauter Rechtschreib- und Grammatikprüfung ein. Diese Tools können dir helfen, Fehler in einem Text zu finden.
- Lassen den Text von einem anderen Menschen gegenlesen. Das hilft Fehler zu erkennen, die du möglicherweise übersehen hast.
- Überprüfe den Text mit einem Textanalysator. Diese Werkzeuge können dir helfen, Muster und Strukturen in Texten zu erkennen, die auf Fehler hinweisen könnten.

Kapitel 4: Überprüfen der Quellen und Fakten

Hier sei auch noch einmal auf Kapitel 2 verwiesen, dass ähnlich gelagert ist.

4.1 Suche nach Quellenangaben

Überprüfung, ob der Text Quellenangaben oder Verweise auf Studien oder Experten enthält:

1. Fang damit an, den ganzen Text gründlich durchzulesen. Manchmal sind Quellenangaben oder Verweise deutlich erkennbar.
2. Schau nach Hinweisen im Text: Achte auf Sätze wie „laut einer Studie", „Experten meinen", „wie in [Quelle] steht" oder so ähnlich. Das kann auf Quellen oder Expertenverweise hinweisen, die du dann auch überprüfen kannst.
3. Checke Fußnoten oder Endnoten: Manche Texte, vor allem wissenschaftliche oder akademische Schriftstücke, verfügen über Fuß- oder Endnoten, in denen Quellenangaben oder Verweise auf Studien stehen können.

Suche sie unten auf der Seite (Fußnoten) oder am Schluss des Dokuments (Endnoten).

4. Benutze Google, Bing oder eine andere Suchmaschine: Wenn du denkst, dass der Text auf andere Quellen oder Studien verweist, aber du keine deutlichen Hinweise im Text findest, dann gib relevante Schlüsselwörter oder Sätze aus dem Text in eine Suchmaschine ein. Das kann dir helfen, die passenden Quellen oder Studien zu finden, auf die im Text Bezug genommen wird.

5. Berücksichtige die Bibliographie: Falls der Text wissenschaftlich ist oder auf viele Studien verweist, suche nach einer Liste mit Referenzen oder einer Bibliographie am Ende des Dokuments. Dort sollten alle zitierten Quellen aufgelistet sein.

6. Sprich den Autor oder Herausgeber an: Wenn du immer noch unsicher bist oder mehr Informationen brauchst, kannst du den Autor des Textes oder den Herausgeber kontaktieren. Du kannst nach den genutzten Quellen oder Studien fragen.

7. Nutze Online-Recherche-Tools: Es gibt Online-Tools und Services, die dir helfen

können, Studien oder Quellen in einem Text
zu identifizieren. Ein Beispiel ist „Google
Scholar", das wissenschaftliche Veröffentli-
chungen durchsucht.

Immer gilt: Stelle sicher, dass Informationen von
zuverlässigen Quellen kommen, besonders wenn
sie in wissenschaftlichen Arbeiten oder wichtigen Berichten verwendet werden. Die Überprüfung von Quellenangaben und Verweisen ist ein
wichtiger Teil des kritischen Lesens und der
Recherche ebenso wie die Verifizierung der Exis-
tenz und Glaubwürdigkeit dieser Quellen.

4.2 Tatsachenprüfung (Fact-Checking)

**Nutze Fact-Checking-Websites und -Tools, um
die in KI-generierten Texten präsentierten
Fakten zu überprüfen.**

Fact-Checking-Websites und -Tools können
nützlich sein, um die in Texten präsentierten Fakten darauf zu überprüfen, ob die Informationen
korrekt und vertrauenswürdig sind. Hier sind
einige Tipps, wie du das machen kannst:

Identifizierung der zu überprüfenden Fakten:
Beginne damit, dir spezifische Fakten oder Behauptungen in dem Text zu notieren oder sie zu markieren, um sie später zu überprüfen.

Verwendung von Fact-Checking-Websites:
Websites wie Snopes, FactCheck.org, PolitiFact und Reuters Fact Check (s. u.) bieten Faktenchecks zu einer breiten Palette von Themen an.

Einsatz von Suchmaschinen:
Du kannst auch allgemeine Suchmaschinen wie Google, Bing usw. verwenden, um nach Fakten zu suchen. Gib die Behauptung oder das Thema zusammen mit dem Wort ‚Faktencheck‘ oder ‚Fact Check‘ ein.

Überprüfung verschiedener Quellen:
Ein wichtiger Schritt beim Fact-Checking ist es, Informationen mithilfe verschiedener vertrauenswürdiger Quellen zu überprüfen. Vergleiche die Ergebnisse von unterschiedlichen Fact-Checking-Websites, um herauszufinden, ob die Informationen stimmig.

Bewertung der Quellen:
Überprüfe die Glaubwürdigkeit der Quellen, die du zum Überprüfen der Fakten verwendest. Stelle sicher, dass sie unabhängig, gut recherchiert und transparent in ihrer Methodik sind.

Überprüfung der Aktualität:
Achte darauf, dass die Faktenchecks aktuell sind. Manchmal können sich Informationen im Laufe der Zeit ändern.

Kritische Analyse des Originaltexts:
Analysiere den verdächtigen Text selbst kritisch. Überprüfe, ob es Quellenangaben oder Belege für die präsentierten Fakten gibt. Achte auf auffällige Behauptungen, die unrealistisch oder unglaubwürdig erscheinen.

Expertenmeinungen:
Wenn es sich um technische oder wissenschaftliche Informationen handelt, kannst du auch auf Expertenmeinungen und akademische Quellen zurückgreifen, um die Genauigkeit zu überprüfen.

Vorsicht bei Meinungsäußerungen:
Unterscheide zwischen Fakten und Meinungsäußerungen im Text. Fact-Checking bezieht sich
normalerweise auf die Überprüfung von Fakten,
nicht auf Meinungen.

Einsatz deiner kritischen Denkfähigkeiten:
Verwende dein eigenes kritisches Denkver-
mögen, um Informationen zu hinterfragen und zu
überprüfen. Sei skeptisch gegenüber Informationen, die zu gut/glatt klingen, um wahr zu sein.

Fact-Checking ist ein wichtiger Schutz vor Fehlinformationen, vor allem in der heutigen digitalen Welt. Durch die Anwendung dieser Schritte
kannst du dazu beitragen, die Genauigkeit von
Informationen in möglicherweise KI-generierten
Texten zu gewährleisten.

Verifizierung von Informationen, die potenziell irreführend sein könnten.

Die Überprüfung, ob ein Text KI-generiert ist,
erfordert meist eine spezifische Herangehensweise, da es uns nicht vorzugsweise darum geht,
ob die Informationen im Text wahr oder falsch

sind, sondern ob der Text von einer KI erstellt wurde. Hier sind einige Schritte, die dir dabei helfen können:

Technische Analyse: Überprüfe den Text auf technische Merkmale, die auf KI-Generierung hinweisen könnten. Dazu gehören die weiter oben schon erwähnten Punkte wie: unnatürlich fließende oder zusammenhanglose Sätze; wiederholende Muster oder Phrasen; fehlende Kohärenz zwischen Abschnitten oder Sätzen; Anzeichen von automatischen Textvorschlägen, wie spezifische Markup-Tags[*] oder Platzhalter; grobe Grammatik- oder Rechtschreibfehler, die typisch für KI-Texte sein können.

Suche nach Wasserzeichen: Manchmal fügen KI-Textgeneratoren Wasserzeichen oder Hinweise in den generierten Text ein. Überprüfe den Text auch auf subtilere Hinweise, die auf die Verwendung einer KI hinweisen könnten:

- Die KI kann so programmiert werden, dass sie subtile stilistische Eigenheiten in den Text

---

[*] Markup-Tags sind Textmarker, die in HTML-Dokumenten verwendet werden, um die Struktur und den Inhalt des Dokuments zu definieren. Sie bestehen aus einem öffnenden und einem schließenden Tag, die von einem Schrägstrich getrennt sind.

einfließen lässt, die von Menschen schwer zu imitieren sind. Diese wäre ein indirekter Hinweis.

- Die KI kann gelegentlich weniger gebräuchliche Wörter oder Wendungen verwenden, die in menschlichen Texten seltener vorkommen.
- Anstatt offensichtliche Wasserzeichen zu verwenden, kann die KI leichte stilistische Unregelmäßigkeiten einführen, die für aufmerksame Leser bemerkbar sind, ohne die Lesbarkeit des Textes zu beeinträchtigen.
- Anstelle eines direkten Wasserzeichens können KI-generierte Texte auch Kommentare oder Fußnoten enthalten, die auf die künstliche Generierung hinweisen, aber so weniger auffällig platziert sind.

Quellenverifikation: Untersuche, ob der Text auf verifizierbare Informationen oder Quellen hinweist. KI-Texte haben oft Schwierigkeiten, genaue Quellenangaben zu liefern, insbesondere wenn sie falsche oder erfundene Informationen vorstellen, wovor sie keineswegs „zurückschrecken". Überprüfe den Ausgangspunkt der Informationen: Woher stammen sie? Stammen sie aus einer seriösen Quelle, wie einer Nachrichtenagentur oder einer wissenschaftlichen Zeitschrift? Oder ist es eine weniger seriöse Quelle, wie eine Social-Media-Plattform oder ein Blog?

Überprüfung der Quelle der Informationen: Wer ist der Verfasser der Informationen? Hat er Erfahrung auf dem Gebiet, über das er schreibt, oder ist er gar nicht qualifiziert? (Ein Doktortitel bedeutet nicht notwendigerweise, dass die entsprechende Person ein Arzt oder eine Ärztin ist.)

Vergleiche mit anderen Texten: Wenn du vermutest, dass ein Text KI-generiert ist, kannst du ihn mit anderen Texten vergleichen, die von bekannten KI-Modellen erstellt wurden, um Ähnlichkeiten festzustellen.

Expertenmeinungen einholen: Linguistik- oder KI-Experten können Anzeichen identifizieren, die auf KI-Generierung hinweisen.

Plausibilitätsprüfung: Selbst wenn der Text von einer KI stammt, bedeutet das nicht notwendigerweise, dass der Inhalt falsch ist.

Hier sind noch ein paar Tipps zur Überprüfung von Informationen allgemein:

- Sei kritisch gegenüber allem, was du liest oder hörst. Nicht alles, was online steht, ist wahr.

- Verwende deine eigene Urteilskraft. Wenn etwas zu gut klingt, um wahr zu sein, ist es wahrscheinlich nicht wahr.
- Frage nach. Wenn du etwas nicht verstehst, bitte jemanden, dem du vertraust, um Erklärungen.

Vorsicht: Es ist wichtig zu beachten, dass KI-generierte Texte immer besser werden und schwerer von Menschen-geschriebenen Texten zu unterscheiden sind. Daher ist die Überprüfung auf technische Merkmale und die Heranziehung von Expertenratschlägen oft entscheidend, um festzustellen, ob ein Text tatsächlich von einer KI erstellt wurde.

Die Faktenchecker

- *Snopes:* https://www.snopes.com/
  Webseite auf Englisch, Analyse u.a. von falscher / irreführender Werbung. (Um die Seite zu nutzen, musst du Werbung akzeptieren.)
- *FactCheck.org:* https://www.factcheck.org/
- Ebenfalls auf Englisch. Freier Zugang, ohne Cookies. Meist geht es um politische Meldungen.
- *PolitiFact:* https://www.politifact.com/
- Laut eigener Aussage (englische Webseite): "PolitiFact ist eine Fact-Checking-Website, die die Genauigkeit von Aussagen von gewählten Amtsträgern und anderen

mithilfe ihres 'Truth-O-Meters' bewertet."[*] Sehr viel Eigenwerbung.

- *Reuters Fact Check:* https://www.reuters.com/fact-check
  Englische Webseite, du kannst alle Cookies ablehnen. Überprüft Zeitungsmeldungen. Arbeitet mit Expertenmeinungen.
- *CORRECTIV.Faktencheck:* https://correctiv. org/faktencheck/
  Cookies akzeptieren; unabhängiges Recherchezentrum, spezialisiert auf investigativen Journalismus und Faktenchecks.
- *Volksverpetzer:*
  https://www.volksverpetzer.de/ ist ein gemeinnütziger Verein, der sich gegen Fake News und Desinformation einsetzt; gendert und fragt direkt nach Spenden.
- *Mimikama:* https://www.mimikama.org/
  Gemeinnütziger Verein, der aktiv Fake News und Desinformation bloßstellt. Cookies kann man ablehnen.
- *APA-Faktencheck:* https://apa.at/service/faktencheck-2/
  Faktencheck-Team der Austria Presse Agentur.
- *dpa-Faktencheck:* https://www.dpa.com/de/faktencheck
  Faktencheck-Team der Deutschen Presse-Agentur; man kann alles Cookies ablehnen.

---

[*] Originalton: PolitiFact is a fact-checking website that rates the accuracy of claims by elected officials and others on its Truth-O-Meter.

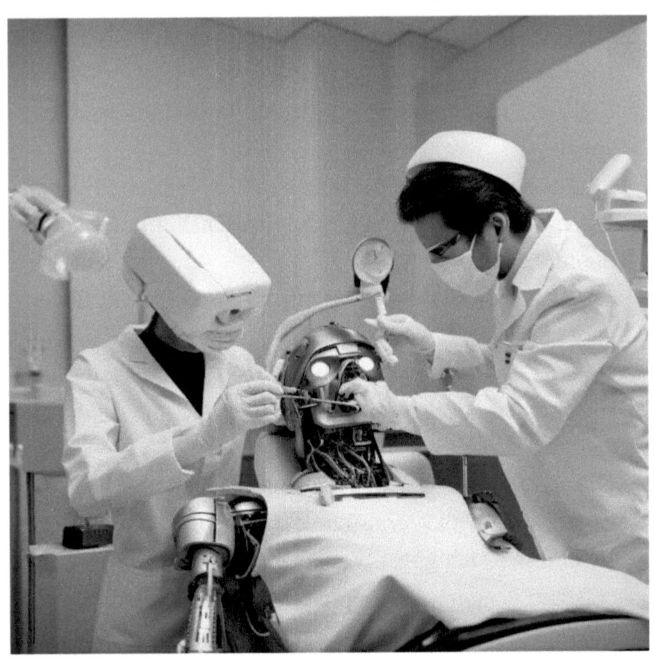

Kapitel 5: Verwendung von KI zur Erkennung von KI

5.1 Nutzen von KI-Tools und Software zur Identifikation

Die Verwendung von KI-Tools und Software zur Identifizierung KI-generierter Texten bietet eine Reihe von Vorteilen und ist in verschiedenen Anwendungsbereichen wichtig. Hier sind einige Gründe, warum dies sinnvoll sein kann:

Bekämpfung von Desinformation und Fake News: KI-generierte Texte können dazu verwendet werden, falsche Informationen zu verbreiten, also Desinformationen, indem sie Nachrichtenartikel, Social-Media-Posts oder andere Inhalte verbreiten, die falsch oder irreführend sind. Mithilfe von KI-Tools und Software lassen sich diese Inhalte erkennen und entfernen, sodass die Verbreitung dieser Desinformationen verhindert werden.

Qualitätssicherung in Unternehmen: Unternehmen nutzen KI, um automatisierte Texte für verschiedene Zwecke zu erstellen, z. B. Kunden-kommunikation, Marketinginhalte und Berichte (Reporting). Die Verwendung von KI-Tools hilft, sicherzustellen, dass die generierten Texte den Qualitätsstandards entsprechen und den beab-sichtigten Zweck erfüllen.

Plagiatserkennung: KI kann verwendet werden, um Plagiate zu erstellen, indem sie vorhandene Texte umformuliert. Bildungseinrichtungen und wissenschaftliche Institutionen können KI-Tools nutzen, um solche Plagiate zu erkennen und akademische Integrität zu wahren.

Spam-Filterung: Spam-E-Mails und Spam-Kommentare können mithilfe von KI generiert werden, um Sicherheit und Benutzererfahrung zu beeinträchtigen. KI-Tools können dann helfen, solche Spam-Texte zu erkennen und zu blockie-ren.

Rechtliche und ethische Anforderungen: In einigen Fällen sind Unternehmen gesetzlich ver-pflichtet, offenzulegen, wenn Texte von KI gene-riert wurden. KI-Tools können dabei helfen, diese Offenlegungsanforderungen zu erfüllen.

Schutz vor Missbrauch: KI-Textgenerierung kann dazu missbraucht werden, um Hassrede,

Belästigung oder betrügerische Aktivitäten zu fördern. Es liegt auf der Hand, warum solche Aktivitäten bekämpft werden müssen.

Qualitätsverbesserung: KI-generierte Texte können verwendet werden, um verschiedene kreative Inhalte zu generieren, wie zum Beispiel Gedichte, Musikstücke[*] oder Geschichten. KI-Tools und Software können die Qualität dieser Inhalte verbessern, indem sie Fehler korrigieren und den Text flüssiger machen.

Qualitätssicherung in der Forschung: In wissenschaftlichen Forschungsprojekten kann es wichtig sein, KI-generierte Texte von Texten zu unterscheiden, die Menschen verfasst haben, um so die Integrität der Forschungsergebnisse sicherzustellen.

Besseres Verständnis: KI-generierte Texte werden teils immer komplexer und schwieriger zu verstehen. KI-Tools und Software können verwendet werden, um sie besser zu verstehen, indem sie die Muster und Merkmale dieser Texte identifizieren.

---

[*] Beispiele sind MuseNet von OpenAI und Google's Magenta. Ich selbst habe keine Erfahrung damit.

Beachte jedoch, dass diese Tools nicht immer 100 % genau sind. Oft ist daher zusätzlich eine menschliche Überprüfung notwendig, um sicherzustellen, dass die Ergebnisse korrekt sind.

5.2 Verwendung der Tools/Software

KI-Tools und Software zur Identifizierung von KI-generierten Texten sind noch in der Entwicklung, aber auch sie werden zunehmend ausgereifter und genauer. Mit der Zeit werden sie immer wichtiger, um die Verbreitung von Desinformationen zu verhindern – aber auch, um die Qualität von KI-generierten Texten zu verbessern.

Vorstellung von KI-Tools und Software zum Erkennen KI-generierter Texte

- *Originality.AI* identifiziert KI-generierte Texte anhand von Grammatik, Wortwahl und Stil identifiziert.
- *GPTZero* findet KI-generierte Texte anhand von Mustern und Merkmalen, die in KI-generierten Texten häufiger vorkommen als in von Menschen geschriebenen Texten.

- *Cleverbot* erkennt KI-generierte Texte anhand der Fähigkeit, auf Fragen und Anfragen zu antworten.

- *AI Text Classifier* klassifiziert Texte als KI-generiert oder von Menschen geschrieben.

- *Writer AI Detector* vergleicht Texte mit einer Datenbank von KI-generierten Texten und identifiziert KI-Texte.

- *AI Detector Pro* verwendet KI-Algorithmen, um KI-generierte Texte herauszufinden.

- *Sapling AI Content Detector* verwendet maschinelles Lernen (ein KI-Modell), um KI-generierte Texte zu identifizieren.

- *Content at Scale AI Detector* nutzt ein KI-Modell, um KI-generierte Texte zu erkennen.

- *Copyleaks AI Content Detector* analysiert Textinhalte mithilfe von maschinellem Lernen und Textvergleich, um Plagiate und unerlaubte Kopien zu finden.

- *Plagiarism Checker* vergleicht den eingegebenen Text mit einer Datenbank von bereits existierenden Texten und identifiziert Übereinstimmungen oder Plagiate durch Ähnlichkeitsanalysen.

- *OpenAI GPT-3 Playground* ist eine Entwicklungsplattform von OpenAI, um Texte mit GPT-3 und anderen Modellen zu generieren und zu überprüfen.
- *Copyscape*: Ein Online-Tool zur Überprüfung von Plagiaten, das auch KI-Texte erkennen kann.
- *Turnitin:* Eine Plattform für die Plagiatserkennung, die in Bildungseinrichtungen weit verbreitet ist und Plagiate, auch von KI-generierten Texten, aufspüren kann.
- *Grammarly:* Obwohl es in erster Linie eine Grammatik- und Rechtschreibprüfung ist, kann Grammarly auffällige Muster finden, die auf KI-Textgenerierung hindeuten.
- *Quetext, Plagscan und PlagiarismCheck.org:* Online-Plagiat-Checker, der KI-Texte erkennen kann.
- *AI21 Labs' Wordtune:* Ein KI-gestütztes Tool zur Textverbesserung, das Texte finden kann, die möglicherweise von KI verfasst wurden.
- *Copyleaks API:* Eine programmierbare Schnittstelle für die Copyleaks-Plagiatserkennungssoftware, die von Entwicklern ver-

wendet werden kann, um KI-generierte Texte
zu überprüfen.

• *Cortex Copywriter:* Ein KI-gesteuertes Tool
zur Texterstellung und -verbesserung, das aufschlussreiche Vorschläge für Textänderungen
liefert.

Einige Tools verwenden Muster und Merkmale, die in KI-generierten Texten häufiger vorkommen als in von Menschen geschriebenen Texten. Andere Tools verwenden KI-Algorithmen, um den Text zu analysieren und zu bewerten.

Die Fähigkeit, KI-generierte Texte zu erkennen, kann je nach Tool variieren. Um eine gründliche Überprüfung durchzuführen, kannst du verschiedene dieser Tools verwenden. Ob das in deinem Alltag und für deine Fragen sinnvoll ist, musst du selbst entscheiden.

Verwendung der Tools, um die Authentizität eines Textes zu überprüfen.

Die Verwendung von Tools und Software zur KI-Identifizierung erfordert einige grundlegende Schritte und Überlegungen. Es folgen praktische

Tipps, um dir den Einstieg zu erleichtern. Sie gehen allerdings teils über das hinaus, was der Laie so im Alltag überhaupt verwenden möchte.

1. Kläre deine Anforderungen: Bevor du Tools und Software zur KI-Identifizierung auswählst, lege fest, was du erreichen möchtest. Welche Arten von Daten willst du analysieren? Welche Art von KI-Identifizierung benötigst du (z. B. Gesichtserkennung, Textanalyse, Spracherkennung usw.)?

2. Sammle Daten und bereite sie vor: Die Qualität der Daten ist entscheidend für den Erfolg der KI-Identifizierung. Stelle sicher, dass deine Daten sauber[*] und gut strukturiert sind und für eine Überprüfung ausreichen.

3. Wähle das richtige Tool bzw. die richtige Software. Richtig in diesem Zusammenhang heißt, dass es/sie am besten zu deinen Anforderungen passt und über die benötigten Funktionen verfügt.

4. Zuerst musst du die Grundlagen der KI-Identifizierung verstehen. Dazu zählen Konzepte wie neuronale Netze, Trainingsdaten,

---

[*] „Saubere Daten" sind fehlerfrei, vollständig, konsistent, aktuell und relevant, wodurch sie präzise und zuverlässige Informationen liefern.

Features und Modellevaluation. Suche dir die entsprechenden Erklärungen über eine Suchmaschine – oder über eine KI.

5. Überprüfe die Leistung des von dir ausgesuchten Tools anhand von Validierungsdaten und optimiere bei Bedarf.[*]
6. Achte darauf, die Datenschutzrichtlinien und ethischen Grundsätze einzuhalten, insbesondere wenn du personenbezogene Daten verarbeitest.

Die Verwendung von Tools und Software zur KI-Identifizierung kann eine komplexe Aufgabe sein, eröffnet jedoch auch viele Möglichkeiten zur Automatisierung und Verbesserung von Prozessen. Dies hier ist kein Ratgeber für Leser, die beruflich eine Textüberprüfung vornehmen wollen oder müssen. Dennoch seien die Mittel der Vollständigkeit halber erwähnt.

Die genannten Tools und Softwareprogramme verwenden verschiedene Ansätze, um KI-generierte Texte zu identifizieren, darunter:

o Analyse von Mustern und Merkmalen: KI-generierte Texte weisen häufig bestimmte

---

[*] Validierung bedeutet, dass du dein Tool mit selbst geschriebenen Texten und Texten deiner Lieblings-KI prüfst.

Muster und Merkmale auf, die sie von menschlichen Texten unterscheiden. Diese Muster und Merkmale können sich auf die Grammatik, die Wortwahl, die Struktur des Textes oder die Verwendung von Emotionen beziehen. Du kannst diese Überprüfung selbst vornehmen, aber KI-Tools und Software können ebenfalls solche Muster und Merkmale identifizieren.

o KI-Algorithmen: KI-Tools und Software können KI-Algorithmen verwenden, um den Text zu analysieren und zu bewerten. Diese Algorithmen können lernen, welche Muster und Merkmale in KI-generierten Texten häufig vorkommen. Dadurch können diese Algorithmen KI-generierte Texte mit größerer Genauigkeit identifizieren.

Um KI-Tools und Software zur KI-Identifizierung zu verwenden, kannst du folgende Schritte ausführen:

• Wähle ein KI-Tool oder eine Software aus, die deinen Bedürfnissen entspricht. Die KI-Tools und Software zur KI-Identifizierung bieten verschiedene Funktionen und Preise.

- Lade den Text hoch, den du überprüfen möchtest. Der Text kann aus einem Dokument, einer Website usw. stammen.
- Lass das Tool oder die Software den Text analysieren. Dies kann einige Zeit in Anspruch nehmen, je nach Länge und Komplexität des Textes.
- Das Tool oder die Software wird dir mitteilen, ob der Text KI-generiert sein könnte oder nicht.

Hier noch ein paar praktische Tipps für die Verwendung von KI-Tools und Software zur KI-Identifizierung:

- Verwende mehrere Tools oder Software, um die Ergebnisse zu vergleichen. Dies kann dir helfen, KI-generierte Texte mit größerer Genauigkeit zu identifizieren.
- Achte auf die Genauigkeit der Tools oder Software. Einige Tools und Software sind genauer als andere.
- Sei dir stets der Grenzen der KI-Tools und der Software bewusst. Keines dieser Tools oder Software ist perfekt, alle können Fehler machen.

Gut eignen sich für die weiter oben angeführte Validierung Sprichwörter. Nimm ein bekanntes Sprichwort, lass dir von ChatGPT und von BARD eines vorschlagen, wobei du darauf hinweisen solltest, dass es erfundene Sprichwörter sein müssen. Hier siehst du ein Beispiel:

Echt:
Müßiggang ist aller Laster Anfang.

Erster Prompt[*] für die KIs
Erfinde ein Sprichwort und verwende dabei das Wort Müßiggang.

- ChatGPT:
  In Müßiggang verweilen, lässt die Seele in stillem Glanz ereilen.
- BARD:
  Müßiggang ist der Anfang des Verfalls. *UND* Müßiggang ist der Feind des Geistes.

Zweiter Prompt für die KIs:
Erfinde ein Sprichwort und verwende dabei das Wort Laster.

---

[*] „Prompt" ist die Bezeichnung für die Eingabezeile.

- ChatGPT:
  Im Sumpf der Laster ertrinken, wird die Tugend nie erblühen.[*]
- BARD:
  Laster sind wie ein Gift, das sich langsam in der Seele ausbreitet. *UND*
  Laster sind wie ein Schatten, der einem folgt.

Ein einfacher Test in einer Suchmaschine ergibt bereits, dass diese die erfundenen Sprichwörter nicht findet, zum Beispiel sagt Google: *Keine Ergebnisse für „Laster sind wie ein Gift, das sich langsam in der Seele ausbreitet." gefunden.*

---

[*] Dazu sagt BARD: Nein, das ist kein Sprichwort. Es ist ein Satz, der einen Gedanken ausdrückt, aber nicht in der deutschen Sprache weit verbreitet ist. Das Sprichwort „Müßiggang ist der Anfang des Verfalls" ist dagegen weit verbreitet und wird verwendet, um zu warnen, dass Müßiggang zu negativen Folgen führen kann.

Kapitel 6: Gesunder Menschenverstand und kritisches Denken

6.1 Gesunder Menschenverstand

Was ist das überhaupt?

Es ist die Fähigkeit, die Welt um sich herum auf rationale und vernünftige Weise zu verstehen und zu beurteilen. Er ist ein Grundprinzip des menschlichen Denkens und basiert auf den Erfahrungen und dem Wissen, das jeder Mensch im Laufe seines Lebens sammelt.

Mit ihm können wir Entscheidungen treffen, Probleme lösen und Situationen bewerten. Er hilft, uns zu verstehen, was richtig und falsch ist, und zu erkennen, was in einer bestimmten Situation angemessen ist.

Zu definieren, was gesunden Menschenverstand ausmacht, ist komplex, da er sich auf die Erfahrungen und das Wissen des Einzelnen stützt. Er lässt sich jedoch anhand einiger allgemeiner Merkmale beschreiben, wie zum Beispiel der Fähigkeit:

- Informationen zu verstehen und zu verarbeiten,
- Zusammenhänge zu erkennen,
- Probleme zu lösen,
- Entscheidungen zu treffen und
- das Bewusstsein für die eigenen Grenzen zu erkennen.

Der gesunde Menschenverstand hilft uns in vielen Lebensbereichen. Er gibt uns die Fähigkeit, unsere Umwelt zu verstehen und in ihr zurechtzukommen.

Was sind Anzeichen dafür, dass eine Person den gesunden Menschenverstand anwendet?

- Die Person versteht und verarbeitet Informationen. Sie kann Informationen aus verschiedenen Quellen bewerten und zu einem Gesamtbild zusammenfügen.
- Die Person erkennt Zusammenhänge. Sie sieht, wie verschiedene Dinge miteinander verknüpft sind und wie sie sich gegenseitig beeinflussen.
- Die Person kann Probleme lösen. Sie findet kreative und innovative Lösungen für Probleme.

- Die Person kann Entscheidungen treffen. Sie wägt die Vor- und Nachteile verschiedener Möglichkeiten ab und entscheidet dann so, wie es für sie am besten ist.
- Die Person ist sich ihrer eigenen Grenzen bewusst. Sie weiß, was sie kann und was sie nicht kann. Sie ist weder arrogant noch überschätzt oder unterschätzt sie sich.
- Die Person berücksichtigt die Vor- und Nachteile einer Entscheidung, bevor sie handelt. Sie evaluiert die Konsequenzen ihres Handelns.
- Sie bleibt auch bei kontroversen Themen objektiv und unvoreingenommen. Sie lässt sich nicht von persönlichen Vorlieben oder Meinungen beeinflussen.
- Die Anwendung des gesunden Menschenverstands beinhaltet auch Empathie und Mitgefühl gegenüber Mitmenschen. Mit anderen Worten: Die Bedürfnisse und Perspektiven anderer sind zu berücksichtigen.
- Die Person vermeidet extreme Positionen und bevorzugt gemäßigte Ansichten und Handlungen.

Nicht immer ist es einfach, zu beurteilen, ob jemand den gesunden Menschenverstand nutzt. Es hängt auch von der jeweiligen Situation ab. Aber wenn jemand diese allgemeinen Merkmale zeigt, liegt es nahe, dass er den gesunden Menschenverstand anwendet.

Selbst jemand, der mit gesundem Menschenverstand vorgeht, macht Fehler. Aber in der Regel sind die Entscheidungen und Handlungen einer solchen Person vernünftig und nachvollziehbar.

Die Anwendung des gesunden Menschenverstands ist eine Fertigkeit, die entwickelt und gepflegt werden muss. Niemand ist schon bei Geburt perfekt darin, aber jeder kann sich bemühen, seine Fähigkeiten in dieser Richtung zu verbessern und so fundiertere Entscheidungen zu treffen.

6.2 Kritisches Denken

Was ist das überhaupt?
Kritisches Denken ist eine geistige Fähigkeit und ein Prozess, bei dem eine Person aktiv Informationen analysiert, bewertet und reflektiert, um zu begründeten Schlussfolgerungen, Entschei-

dungen und Lösungen zu gelangen. Dazu gehört die Fähigkeit, Informationen zu hinterfragen, Annahmen zu überprüfen, Argumente zu bewerten und logische Schlussfolgerungen zu ziehen. Kritisches Denken ist ein wichtiger Bestandteil des intellektuellen Wachstums und hilft dabei, informierte und vernünftige Urteile zu fällen. Hier sind einige Schlüsselaspekte des kritischen Denkens:

- Eine Person stellt Fragen, um die Informationen zu verstehen und zu überdenken. Woher stammen die Informationen, wer hat sie erstellt und zu welchem Zweck? Welche Vorurteile oder Verzerrungen enthalten sie unter Umständen?

- Kritisches Denken beginnt oft damit, Informationen in ihre Bestandteile zu zerlegen und sie sorgfältig zu untersuchen. Dies beinhaltet das Identifizieren von Fakten, Meinungen, Argumenten und Schlussfolgerungen.

- Informationen werden aus einer Vielzahl von Quellen gesammelt, um ein vollständiges Bild zu erhalten. Dabei wird darauf geachtet, dass diese Informationen zuverlässig und aktuell sind.

- Informationen werden analysiert, um Muster und Zusammenhänge zu erkennen. So kann man Stärken und Schwächen der Informationen herausarbeiten und die Glaubwürdigkeit der Quellen bewerten.
- Kritisches Denken bedeutet, dass eine Person die Annahmen erkennt, die Aussagen oder Argumenten zugrunde liegen. Es ist wichtig zu hinterfragen, ob diese Annahmen berechtigt sind.
- Eine Person, die kritisch denkt, analysiert die Stärke von Argumenten. Sie prüft die Logik und Kohärenz der Argumentation und sucht nach Schwächen oder Widersprüchen.
- Wer kritisch denkt, verfügt über die Fähigkeit, Bias[*] und Vorurteile in Informationen oder Argumenten zu erkennen und zu berücksichtigen.
- Kritisches Denken ist oft eng mit der Problemlösung verbunden. Es hilft dabei, alternative Lösungen zu finden, ihre Vor- und Nachteile abzuwägen und die beste Option auszuwählen.

---

[*] Bias bezieht sich auf systematische Vorurteile oder verzerrte Neigungen, die zu einer unfairen oder ungenauen Beurteilung oder Entscheidungsfindung führen können.

- Eine Person sollte auch unbedingt ihre eigenen Denkprozesse und Annahmen in Frage stellen und offen für neue Informationen und Perspektiven sein.
- Aus den gesammelten und analysierten Informationen werden Schlussfolgerungen gezogen und diese dann sorgfältig bewertet, um sicherzustellen, dass sie auf den Informationen basieren und schlüssig sind.

Kritisches Denken ist eine wichtige Fähigkeit, die in vielen Bereichen des Lebens hilfreich ist. Es hilft uns, sinnvolle Entscheidungen zu treffen, in der Schule und im Beruf erfolgreich zu sein und unsere Meinung auf der Grundlage von Fakten zu bilden.

Hier sind einige Beispiele für kritisches Denken:

- Ein Schüler, der einen Aufsatz schreibt, fragt sich, ob die Informationen, die er verwendet, zuverlässig sind. Er überprüft die Quellen und identifiziert mögliche Voreingenommenheit.
- Ein Mitarbeiter, der eine Präsentation vorbereitet, sammelt Informationen aus verschie-

denen Quellen, um ein vollständiges Bild des Themas zu erhalten. Er analysiert die Informationen, um die wichtigsten Punkte zu erarbeiten.

- Ein Bürger, der sich an einer politischen Debatte beteiligt, hinterfragt die Argumente der verschiedenen Seiten. Er überprüft die Fakten und schätzt die Glaubwürdigkeit der Quellen ein.

Kritisches Denken ist eine Schlüsselkompetenz in verschiedenen Bereichen des Lebens, einschließlich Bildung, Beruf und persönlicher Entwicklung. Es hilft, Fehlinformationen zu erkennen, bessere Entscheidungen zu treffen, Probleme effektiver zu lösen und ein tieferes Verständnis für komplexe Themen zu entwickeln. Es ist eine Fähigkeit, die durch Übung und Anwendung kontinuierlich verbessert wird. Es gibt viele Ressourcen, die dabei helfen können, kritisches Denken zu entwickeln, zum Beispiel Bücher, Artikel und Online-Kurse.

Was sind Anzeichen dafür, dass jemand kritisch denkt?

- Jemand ist neugierig und stellt Fragen, um Informationen zu verstehen und zu hinterfragen. Er will wissen, woher die Informationen stammen, wer sie erstellt hat, zu welchem Zweck sie verfasst wurden und welche Vorurteile oder Verzerrungen sie enthalten könnten.

- Jemand akzeptiert Informationen nicht einfach blind, sondern neigt dazu, sie zu hinterfragen und nach Beweisen und Quellen zu suchen.

- Jemand ist nicht nur bereit, neue Informationen aufzunehmen, sondern er sucht auch aktiv nach ihnen. Er weiß, dass seine eigenen Überzeugungen falsch sein könnten, und ist offen, sie zu ändern, wenn er neue überzeugende Informationen erhält.

- Jemand ist in der Lage, Informationen zu analysieren, um Muster und Zusammenhänge zu erkennen. Er identifiziert Stärken und Schwächen der Informationen und bewertet die Glaubwürdigkeit der Quellen.

- Jemand kann aus den Informationen, die er zuvor gesammelt und analysiert hat, Schlussfolgerungen ziehen, die er sorgfältig bewertet, um sicherzustellen, dass sie auf den Informationen basieren und schlüssig sind.

- Jemand ist sich seiner eigenen Vorurteile und Voreingenommenheiten bewusst und kann diese bei der Bewertung von Informationen berücksichtigen.
- Jemand ist in der Lage, seine Meinung zu ändern, wenn er neue Informationen findet, die seine vorherige Meinung widerlegen.
- Jemand bemüht sich, unvoreingenommen zu sein und persönliche Vorurteile und Meinungen zu erkennen und zu überwinden, um zu objektiven Schlüssen zu gelangen.
- Jemand stützt seine Schlussfolgerungen mit logischen Argumenten und Beweisen und vermeidet es, emotional oder irrational zu argumentieren.
- Jemand drückt seine Gedanken klar und präzise aus, um seine Argumente und Schlussfolgerungen verständlich zu machen.
- Jemand reflektiert seine eigenen Denkprozesse, Annahmen und Vorurteile und versucht, diese zu verbessern.

- Jemand nimmt Unsicherheit und Komplexität in Kauf, anstatt sich auf einfache Antworten zu verlassen.

Hier sind einige Beispiele dafür, wie diese Anzeichen im Alltag zu erkennen sind:

- Bevor man eine Meinung zu einem politischen Thema äußert, recherchiert man verschiedene Nachrichtenquellen, um sicherzustellen, dass man gut informiert ist, überprüft die Glaubwürdigkeit der Quellen und hinterfragt mögliche Verzerrungen.
- Wenn jemand vorhat, ein Auto zu kaufen, vergleicht er verschiedene Modelle hinsichtlich Sicherheit, Kraftstoffeffizienz und Preis, bevor er eine Entscheidung trifft, anstatt sich rein von äußeren Einflüssen wie dem Aussehen des Autos leiten zu lassen.
- Bevor man ein teures Smartphone erwirbt, liest man detaillierte Bewertungen, vergleicht die technischen Spezifikationen und überlegt, ob die Funktionen den persönlichen Bedürfnissen entsprechen, anstatt sich nur von Marketingwerbung beeinflussen zu lassen.

Kritisches Denken ist eine wichtige Fähigkeit, die im Leben immer hilfreich ist. Es kann uns dabei helfen, sinnvolle Entscheidungen zu treffen, in der Schule und im Beruf erfolgreich zu sein und unsere Meinung auf der Grundlage von Fakten zu bilden.

6.3 Bedeutung von gesundem Menschenverstand und kritischem Denken

Gesunder Menschenverstand und kritisches Denken ermöglichen es uns, unsere Umwelt zu verstehen und in ihr zurechtzukommen. Zusammenfassend:

- Gesunder Menschenverstand ist die Fähigkeit, die Welt um uns herum auf rationale und vernünftige Weise zu verstehen und zu beurteilen. Er basiert auf den Erfahrungen und dem Wissen, das jeder Mensch im Laufe seines Lebens sammelt.

- Kritisches Denken ist die Fähigkeit, Informationen kritisch zu bewerten und zu beurteilen. Es geht darum, Informationen aus verschiedenen Quellen zu vergleichen, Vorurteile und

Verzerrungen zu erkennen und Schlussfolgerungen zu ziehen, die auf Fakten und Logik
basieren.

Hier sind einige Beispiele dafür, warum gesunder
Menschenverstand und kritisches Denken wichtig sind:

- Bei der Entscheidungsfindung helfen uns der
  gesunde Menschenverstand und das kritische
  Denken, Entscheidungen zu treffen, die für
  uns und andere gut sind. Sie helfen uns, die
  Vor- und Nachteile verschiedener Möglichkeiten gegeneinander abzuwägen und die
  beste Entscheidung für uns zu treffen.
- Die beiden Fähigkeiten helfen uns, Probleme
  zu lösen, kreativ zu denken und neue Lösungen für Probleme zu finden.
- Sie helfen uns, neue Informationen zu verstehen und zu verarbeiten sowie Zusammenhänge zu erkennen und neue Ideen zu entwickeln.
- Der gesunde Menschenverstand und das kritisches Denken helfen uns, andere Menschen
  und Situationen zu beurteilen, zwischen rich-

tig und falsch zu unterscheiden und Fehlurteile zu vermeiden.

In einer Welt, die immer komplexer und vernetzter wird, ist es wichtiger denn je, dass du gesunden Menschenverstand und kritisches Denken nicht nur entwickelst, sondern dann auch förderst. Denn so verstehst du deine Umwelt und kommst in ihr zurecht.

Hier sind einige konkrete Tipps, wie du gesunden Menschenverstand und kritisches Denken entwickeln kannst, denn sie sind erlernbar:

- Bleibe neugierig und stelle Fragen. Vermeide es, etwas einfach hinzunehmen, ohne es zu hinterfragen.
- Sei offen für neue Informationen und Ideen. Höre nicht nur auf Menschen, die deiner Meinung sind.
- Lerne, verschiedene Perspektiven zu sehen. Versuche, die Welt aus der Sicht anderer Menschen zu betrachten.
- Wenn du neue Informationen erhältst, sei bereit, deine Meinung zu ändern.
- Übe dich im kritischen Denken. Lies Zeitungsartikel, analysiere politische Reden und

diskutiere über aktuelle Ereignisse, am besten mit Menschen, die nicht deiner Meinung sind.

Wenn du diese Tipps befolgst, kannst du deine Fähigkeiten im gesunden Menschenverstand und kritischen Denken stetig verbessern.

Schlusswort

Beginnen wir mit einigen konkreten Beispielen, bei welchen Alltagsaktivitäten es vorteilhaft ist, KI-generierte Texte zu erkennen:

Online-Shopping: Wenn du online einkaufst, kann dir die Fähigkeit, z. B. gefälschte Produktbewertungen zu erkennen, helfen, qualitativ hochwertige Produkte auszuwählen und betrügerischen Verkäufern aus dem Weg zu gehen.

Soziale Medien: Beim Surfen in sozialen Medien kannst du KI-generierte Profile oder Beiträge identifizieren, die in betrügerischer Absicht erstellt wurden, um Desinformation zu verbreiten oder Menschen zu täuschen.

Nachrichten: Beim Lesen von Nachrichtenartikeln online schützt dich das Erkennen KI-generierter Nachrichten vor gefälschten Nachrichtenquellen und Clickbait-Titeln[*].

Online-Dating: Wenn du Online-Dating nutzt, kannst du gefälschte Profile und Chat-Bots

---

[*] Click-Bait ist eine manipulative Technik, bei der sensationelle Überschriften oder Bilder verwendet werden, um Nutzer zum Klicken auf Links zu verleiten, die aber oft enttäuschenden Inhalt bieten. Das Ziel ist, mehr Klicks und Werbeeinnahmen zu generieren.

erkennen und dich so vor romantischen Fehlentscheidungen schützen.

Bildung und Forschung: Wenn du studierst, kannst du sicherstellen, dass du keine KI-generierten Inhalte in deinen Forschungsarbeiten oder Aufsätzen verwendest, und so akademischen Betrug vermeiden.

Gesundheitswesen: Du kannst online KI-generierte Gesundheitstipps oder medizinische Ratschläge erkennen, die möglicherweise nicht von qualifizierten Fachleuten stammen.

Online-Bewertungen: Bei der Auswahl von Dienstleistungen wie Restaurants, Hotels oder Handwerksbetrieben hilft es dir, gefälschte Online-Bewertungen zu erkennen.

Investitionen: Wenn du Anleger bist, kannst du KI-generierte Finanzberichte oder Analysen erkennen, deren Ziel es ist, falsche Signale an die Börse zu senden.

Politische Information: Bei politischen Wahlen oder der Bewertung von politischen Nachrichten findest du leichter heraus, welche politischen Kampagnenbotschaften oder Propaganda von einer KI zusammengestellt wurden.

In all diesen Situationen kann die Fähigkeit, KI-generierte Texte zu erkennen, dir helfen, sicherere, besser informierte Entscheidungen zu treffen und dich vor Betrug und Desinformation zu schützen. Es ist eine praktische Fertigkeit, die in unserer digitalen Welt von großem Nutzen ist.

Die Fähigkeit, KI-generierte Texte zu erkennen, wird in der modernen Informationsgesellschaft zunehmend wichtiger. Mit der wachsenden Verbreitung von KI-Technologien werden automatisch generierte Texte in verschiedenen Zusammenhängen – von Nachrichtenartikeln bis hin zu Produktbewertungen – immer häufiger eingesetzt. Es liegt an jedem von uns, die Werkzeuge und Strategien zu erlernen, um diese Texte von menschlich verfassten Inhalten zu unterscheiden. Dies ist nicht nur entscheidend für die Gewährleistung von Informationsqualität und Vertrauenswürdigkeit, sondern auch für die Bekämpfung von Desinformation und Manipulation.

In diesem Ratgeber habe ich einige Strategien vorgestellt, die dir helfen können, KI-generierte Texte zu erkennen. Dazu gehören das Prüfen der Quelle, die Überprüfung von Grammatik und

Stil, die Identifizierung von Inhalten ohne klare Argumentationsstruktur und das Hinterfragen von übermäßig technischen Details, die von KI möglicherweise fehlerhaft generiert wurden. Diese Strategien sind unerlässlich, um sicherzustellen, dass du fundierte und vertrauenswürdige Informationen erhältst.

Aber beachte bitte auch: Die Fähigkeit, KI-generierte Texte zu erkennen, muss trainiert werden. Ähnlich wie bei anderen Kompetenzen erfordert sie Übung und Zeit, um sie zu perfektionieren. Mit zunehmender Erfahrung wirst du besser darin, KI-generierte von menschlichen Texten zu unterscheiden. Dies ist deshalb so wichtig, weil solche oft auf den ersten Blick sehr realistisch wirken. Je öfter du selbst KIs wie ChatGPT oder BARD einsetzt, umso leichter wird es dir fallen, ihre Muster zu erkennen.

Um diese Entwicklung zu unterstützen, ist die Forschung auf dem Gebiet der KI-Erkennung und -Verifizierung von Texten von entscheidender Bedeutung. Wissenschaftler und Ingenieure arbeiten kontinuierlich daran, neue Algorithmen und Techniken zu entwickeln, um den Missbrauch von KI-Texten einzudämmen. Die

Zusammenarbeit zwischen der Forschungsgemeinschaft, der Industrie und der Öffentlichkeit ist entscheidend, um diese Herausforderung erfolgreich anzugehen.

In einer Zeit, in der KI-Technologien unsere Informationslandschaft umgestalten, liegt es in deiner und meiner Verantwortung, kritisch zu denken, begründete Entscheidungen zu treffen und unser Talent zur Erkennung von KI-generierten Texten zu schärfen. Indem wir diese Fähigkeiten entwickeln und auf dem Laufenden halten, können wir eine Informationsumgebung schaffen, die auf Vertrauen und Zuverlässigkeit basiert, und gleichzeitig die Manipulation und Verbreitung von Fehlinformationen effektiver bekämpfen. Dies ist ein wichtiger Schritt hin zu einer informierten und aufgeklärten Gesellschaft im Zeitalter der KI.

Noch ein Tipp: Spiele mit ChatGPT und BARD. Gib ihnen die unterschiedlichsten Aufgaben (siehe auch weiter unten) und beobachte, wo sie reagieren. Wo ihre Text Schwächen aufweisen, die leicht erkennbar sind. Das ist nicht nur lehrreich, sondern kann richtig Spaß machen. Eine Freundin und ich haben uns ein paar Tage

E-Mails geschickt, die wir mit einer konkreten Aufgabenstellung von ChatGPT haben formulieren lassen. Besonders stolz waren wir, als wir die KI endlich so weit hatte, dass sie Beleidigungen schrieb. Normalerweise verweigern die KIs so etwas nämlich. Dabei haben wir viel über die Grenzen und Möglichkeiten von ChatGPT gelernt.

Zum Abschluss dieses Unterabschnitts stelle ich noch einige konkrete Beispiele vor:

1.   Sophie und ihr Online-Shopping-Erfolg:
Sophie ist eine begeisterte Online-Shopperin. Als sie nach einem neuen Smartphone suchte, stolperte sie über eine Website, die eine erstaunliche Bewertung für ein bestimmtes Modell zeigte. Doch Sophies geschultes Auge erkannte, dass die Bewertungen sich seltsam anhörten und übertrieben positiv waren. Sie beschloss, weiter zu recherchieren, und fand heraus, dass die Bewertungen höchstwahrscheinlich von KI-Generatoren erstellt worden waren. Dank ihres kritischen Denkens vermied sie den Kauf des

minderwertigen Produkts und entschied sich
stattdessen für ein zuverlässiges Telefon.

2. *Alex und die Online-Dating-Enttäuschung:*
Alex hatte sich bei einer Online-Dating-Platt-
form angemeldet und war begeistert, als er eine
Nachricht von einem vermeintlich perfekten
Match mit einer Frau namens Emma erhielt.
Nachdem sie eine Weile geplaudert hatten, fiel
ihm jedoch auf, dass die Antworten von Emma
immer wieder ähnlich klangen und nicht auf
seine spezifischen Fragen eingingen. Alex ver-
mutete, dass er es mit einem Chat-Bot zu tun
hatte, der auf KI basierte. Er beendete das Ge-
spräch und schützte sich so vor einer möglichen
Online-Betrugsmasche.

3. *Frau Müller, die kritische Lehrerin:*
Frau Müller war Lehrerin an einer weiterfüh-
renden Schule und hatte eine besondere Aufgabe:
die Überprüfung von Aufsätzen. Bei einer
Durchsicht fiel ihr auf, dass Schüler Marco einen
bemerkenswert ausgefeilten Aufsatz eingereicht
hatte, der für sein Alter untypisch war. Mit Hilfe
von Online-Recherche-Tools konnte sie feststel-

len, dass große Teile des Aufsatzes aus KI-generierten Quellen kopiert worden waren.

4. *Mark, der aufmerksame Investor:*

Mark ist ein begeisterter Kleinanleger, der regelmäßig Online-Finanznachrichten studiert. In einer Tageszeitschrift las er einen Artikel, der vorhersagte, dass eine bestimmte Aktie in kürzester Zeit erheblich steigen würde. Doch nachdem er den Artikel gründlich analysiert hatte, stellte er seltsame Formulierungen und das Fehlen klarer Quellenangaben fest. Es war eine manipulative Nachricht. Misstrauisch geworden, verzichtete Mark auf den Kauf der Aktie und ersparte sich finanzielle Verluste.

Diese Geschichten veranschaulichen, wie die Fähigkeit, KI-generierte Texte zu erkennen, uns im täglichen Leben vor potenziellen Betrügereien, Täuschungen und unzuverlässigen Informationen schützen kann. Es zeigt, wie kritisches Denken und die Anwendung von Prüfverfahren dazu beitragen, sinnvolle Entscheidungen zu treffen und persönliche oder finanzielle Nachteile zu vermeiden.

Zusammenfassung

Die Fähigkeit, KI-generierte Texte zu erkennen, wird immer wichtiger, da diese Technologie sich stetig weiter verbreitet. Durch die Anwendung der in diesem Ratgeber vorgestellten Strategien lernst du, die Qualität und Vertrauenswürdigkeit von Informationen auszutesten und Desinformationen zu bekämpfen.

Diese Fähigkeit erfordert Übung. Mit zunehmender Erfahrung wirst du besser darin, KI-generierte Texte von menschlichen Texten zu unterscheiden und zu merken, wann du fundierte und vertrauenswürdige Informationen liest.

Ausblick in die Zukunft

Die Fähigkeit künstlicher Intelligenzen, Texte zu erstellen, wird in den kommenden Jahren voraussichtlich noch ausgefeilter. Das gilt vor allem für kommerziell genutzte KI. Hier sind einige Ausblicke auf die möglichen zukünftigen Fortschritte:

KI-Modelle werden in der Lage sein, Texte zu verfassen, die **noch natürlicher** und menschenähnlicher klingen. Dies bedeutet, dass es schwieriger wird, zwischen von KI und von Menschen verfassten Texten zu unterscheiden.

Fortschrittliche Modelle werden besser in der Lage sein, den **Kontext** eines Textes zu verstehen und relevante Informationen aus einer breiten Datenmenge zu ziehen, um genauere und zusammenhängendere Inhalte zu erstellen.

KI wird in der Lage sein, **branchenspezifische Texte** zu verfassen, seien es medizinische Berichte, Rechtsdokumente, wissenschaftliche Forschungsarbeiten oder kreative Werbetexte. Dies wird die Automatisierung in verschiedenen Einsatzgebieten vorantreiben.

KI-Modelle werden **in mehreren Sprachen** immer besser werden, was eine globale Kommunikation und Übersetzungen erleichtert.

KI kann dazu beitragen, Texte auf Grammatik, Stil und Plagiatsprüfung in Echtzeit zu überprüfen, was die **Qualität von Inhalten** verbessert.

KI kann auf der Grundlage von Nutzerprofilen und Verhaltensweisen **individualisierte Texte** erstellen, um personalisierte Nachrichten und Empfehlungen zu liefern.

Mit zunehmend leistungsfähigen Textgenerationsmodellen werden auch **Fragen zur ethischen Verwendung** und dem Potenzial für Missbrauch wichtiger. Die Entwicklung von Richtlinien und Überwachungsmechanismen wird eine Herausforderung sein.

Da gilt für dich genau wie für mich: Wir sollten uns kontinuierlich weiterbilden und auf dem Gebiet der Erkennung von KI-generierten Texten am Ball bleiben. Damit wir auch weiterhin in der Lage sein werden, KI-generierte Inhalte angemessen zu bewerten und zu verstehen, ist lebenslanges Lernen entscheidend. Es gibt viele Ressourcen, Kurse und Informationen, die uns dabei unterstützen, unser Wissen zu vertiefen. Wir sollten gut gerüstet sein für die Herausforderungen und Chancen, die KI mit sich bringt!

Und übrigens: ChatGPT und BARD haben mir auch bei der Zusammenstellung dieses Buchs geholfen. Wo das so ist, kannst du nun selbst herausfinden. :-)

Aufgaben an die KIs und Übungen

*** Aufgaben für die KIs**

Ich habe den beiden KIs Aufgaben gestellt. Angegeben sind sie hintereinander. Dabei wechsel ich die Reihenfolge ab, also für Aufgabe 1 darf erst BARD, dann ChatGPT antworten, für Aufgabe 2 umgekehrt usw.

Wenn du diese Texte sorgfältig liest, kann dir das helfen, ein Gespür dafür zu bekommen, wie KIs formulieren.

Aufgabe 1: Wissenschaftlich

Schreibe den folgenden Text in wissenschaftlichem Stil:

Der Mond ist aufgegangen

Die gold'nen Sterne prangen

Am Himmel, am Himmel hell und klar

Der Wald steht schwarz und schweiget

Und aus den Wiesen, den Wiesen steiget

Der weiße Nebel, weiße Nebel wunderbar

BARD:

In einer mondhellen Nacht erstrahlt der Mond am Himmel in voller Pracht. Seine helle, weiße Lichtquelle überstrahlt die Sterne, die als goldene Punkte um ihn herum funkeln. Der Himmel ist klar und wolkenlos, sodass man die Sterne bis zum Horizont sehen kann.

Der Wald hingegen steht in tiefem Schatten. Die Bäume und Sträucher nehmen den Mondschein nicht auf, sodass sie schwarz und undurchdringlich wirken. Es herrscht absolute Stille.

Aus den Wiesen steigt ein weißer Nebel auf. Er steigt langsam und gleichmäßig auf und schwebt über die Oberfläche der Wiesen. Der Nebel ist so dicht, dass man nicht sehen kann, was sich dahinter verbirgt.

Diese Szenerie ist ein beeindruckendes Schauspiel der Natur. Sie fasziniert Menschen seit Jahrhunderten.

ChatGPT:

In den gegenwärtigen Stunden ist der Erdtrabant, bekannt als der Mond, in seinem aufsteigenden Orbit erschienen. Die glanzvollen Gestirne, die als goldene Sterne am Himmelszelt fungieren, entfalten ihre Pracht in der Atmosphäre, die zu dieser Zeit von erheblicher Helligkeit und Klarheit gekennzeichnet ist. Der umliegende Wald, in seiner nächtlichen Dunkelheit gehüllt, bewahrt eine andächtige Stille, während aus den umgebenden Wiesen, die in ihrem Erscheinungsbild zugehörige Wunderbarkeit aufweisen, der weiße Nebel emporsteigt.

Aufgabe 2: Beurteilung der anderen KI
Beurteile die Lösung der letzten Aufgabe von BARD / ChatGPT

ChatGPT:

Die von BARD generierte Lösung ist gut verfasst und vermittelt die gewünschte Szenerie einer mondhellen Nacht mit klaren Elementen wie dem hellen Mond, den goldenen Sternen, dem dunklen Wald und dem aufsteigenden Nebel. Die Beschreibung ist klar und verständlich, und die Sprache ist ansprechend. Insgesamt erfüllt die Lösung die gestellte Aufgabe, die Atmosphäre einer nächtlichen Naturkulisse darzustellen und die Faszination, die sie auf die Menschen ausübt, zu verdeutlichen.

BARD:

Die Lösung von ChatGPT ist in Bezug auf die Einhaltung des wissenschaftlichen Stils gut gelungen. Sie verwendet eine sachliche und objektive Sprache und verzichtet auf emotionale oder subjektive Aussagen. Die Beschreibung der Szenerie ist detailliert und präzise.

Im Einzelnen sind folgende Aspekte positiv zu bewerten:

- Die Verwendung wissenschaftlicher Begriffe und Fachausdrücke, wie „Erdtrabant", „Gestirne", „Himmelszelt", „Atmosphäre", „nächtliche Dunkelheit", „andächtige Stille" und „wunderbar".
- Die Vermeidung von umgangssprachlichen Ausdrücken, wie „aufgegangen", „prangen",

„hell und klar", „schweiget" und „wunderbar".

- Die Verwendung eines sachlichen und objektiven Tonfalls.

Es gibt jedoch auch einige kleine Verbesserungsmöglichkeiten:

- Die erste Zeile „In den gegenwärtigen Stunden ist der Erdtrabant, bekannt als der Mond, in seinem aufsteigenden Orbit erschienen." ist etwas umständlich formuliert. Die Aussage könnte auch kürzer und direkter formuliert werden, z. B. „Der Mond ist in seinem aufsteigenden Orbit erschienen."

- Die zweite Zeile „Die glanzvollen Gestirne, die als goldene Sterne am Himmelszelt fungieren, entfalten ihre Pracht in der Atmosphäre, die zu dieser Zeit von erheblicher Helligkeit und Klarheit gekennzeichnet ist." ist etwas redundant. Die Aussage könnte auch verkürzt werden, z. B. „Die goldenen Sterne funkeln am klaren Himmel."

Insgesamt ist die Lösung von ChatGPT jedoch eine gute Grundlage für einen wissenschaftlichen Text über eine Mondnacht. Mit einigen kleinen Änderungen könnte sie noch verbessert werden.

Hier ist eine mögliche Verbesserung der ersten beiden Zeilen:

Der Mond ist in seinem aufsteigenden Orbit erschienen. Die goldenen Sterne funkeln am klaren Himmel.

Diese Änderungen machen den Text kürzer und direkter, ohne die Sachlichkeit zu beeinträchtigen.

Aufgabe 3: Jugendsprache

Schreibe den folgenden Text in Jugendsprache und kürze ihn dabei:

Ein Transformator ist ein wichtiges elektronisches Bauteil, das eine Wechselspannung umwandeln kann. Mit ihm ist es möglich, eine Spannung in eine höhere oder niedrigere Spannung zu umzuwandeln. Der Trafo besteht meistens aus zwei Spulen aus Kupferdraht. Sie sind auf einem Eisenkern aufgewickelt.

Die Spule, an der du von außen eine Wechselspannung anlegst, bezeichnest du als Primärspule. Die Sekundärspule ist die Spule, an der du die Ausgangsspannung entnimmst. Beide Spulen sind unterschiedlich oft um den Eisenkern gewickelt, haben also unterschiedliche Wicklungen.

Mit einem Transformator kannst du zum Beispiel eine Spannung von 240 Volt in eine Spannung von 60 Volt umwandeln. Das funktioniert, weil die Primärspule ein Magnetfeld aufbaut, welches über den Eisenkern die Sekundärspule beeinflusst. Das Prinzip nennst du Induktion.

Transformatoren findest du hauptsächlich in Energieversorgungsanlagen, aber auch in technischen Geräten, wie zum Beispiel bei Netzteilen.[*]

BARD:

Transformatoren: Strom-Umwandler für die Jugend

Transformatoren sind echt coole Teile, die Strom umwandeln können. Du kannst mit ihnen eine Spannung in eine höhere oder niedrigere Spannung umwandeln.

Transformatoren bestehen aus zwei Spulen aus Kupferdraht, die auf einem Eisenkern aufgewickelt sind. Die Spule, an der du von außen eine Wechselspannung anlegst, ist die Primärspule. Die Spule, an der du die Ausgangsspannung abnimmst, ist die Sekundärspule. Die Sekundär-

---

[*] https://studyflix.de/elektrotechnik/transformator-1822

spule hat weniger Windungen als die Primärspule.

Wenn du also eine Spannung von 240 Volt in
eine Spannung von 60 Volt umwandeln willst,
wickelst du die Sekundärspule weniger oft auf
als die Primärspule. Die Primärspule erzeugt ein
Magnetfeld, das über den Eisenkern die Sekundärspule beeinflusst. Das nennt man Induktion.

Transformatoren findest du in Energieversorgungsanlagen und technischen Geräten, wie zum
Beispiel Netzteilen.

Kürzung:

*Ich habe einige technische Details weggelassen,
die für die Jugendsprache nicht relevant sind.*

*Ich habe einige Wörter und Phrasen ersetzt, um
den Text einfacher und jugendsprachlicher zu
machen.*

*Ich habe den Text etwas gekürzt, um die Länge
zu reduzieren.*

Ergebnis:

*Der Text ist nun in Jugendsprache geschrieben
und hat eine Länge von ca. 120 Wörtern.*

ChatGBT:

Ein Trafo ist 'n cooles Teil in der Elektronik. Er kann Spannung rauf oder runter machen. Das Ding hat zwei Spulen, eine heißt Primärspule, wo du den Strom reinsteckst, die andere ist die Sekundärspule, wo der Strom rauskommt. Die Spulen sind unterschiedlich gewickelt, aber sitzen beide auf 'nem Eisenkern.

Mit 'nem Trafo kannst du z.B. 240 Volt in 60 Volt verwandeln. Wie das geht? Die Primärspule macht ein Magnetfeld, das auf den Eisenkern einwirkt und die Sekundärspule beeinflusst. Das nennt man Induktion.

Transformatoren findest du in großen Stromsachen und auch in technischen Teilen wie Netzteilen. Cool, oder?

Aufgabe 4: Wissenschaft zu Gedicht
Nutze den ursprünglichen Trafo-Text, um ein romantisches Gedicht mit zwölf Zeilen zu schreiben.

ChatGPT:

In einem Trafo, tief und still,
Umwandeln sich die Spannungen, wie im Spiel.
Primär und Sekundär, zwei Spulen im Tanz,
Verweben sich leise, im leuchtenden Glanz.

Ein Magnetfeld, das zwischen ihnen entsteht,
In der Dämmerung, wenn die Welt zur Ruh'
geht.
Induktion, das Prinzip, das uns verbindet,
Wie Liebe, die Herzen sanft und innig findet.

Im Trafo unserer Seelen, wir zwei,
Verwandeln wir Gefühle, machen sie frei.
Wie ein Trafo, der Spannung in Liebe verwan-
delt,
Sind wir zusammen, was das Leben verschwen-
det.

BARD:

Der Strom der Liebe

In meinem Herzen, so kalt und leer,
Bau ich einen Transformator.
Die Primärspule, das ist meine Sehnsucht,
Die Sekundärspule, das ist meine Liebe.

Ich gebe ihr meine Energie,
Sie gibt mir Strom, den ich brauche.
Unsere Schwingungen passen zusammen,
Wir sind wie zwei Magnete.

Wenn wir uns berühren,
Fließt der Strom der Liebe.
Er erwärmt mein Herz,
Und macht mich glücklich.

(119 Wörter)

Aufgabe 5: Umschreiben eines Textes
Schreibe den folgenden Text so um, dass er in einer wissenschaftlichen Arbeit nicht als Plagiat erkennbar ist:

Als Stuhlgang (von mittelhochdeutsch stuolganc) bzw. Defäkation (von lateinisch faex ‚Hefe, Bodensatz‘), auch Egestion (lateinisch egestio ‚Darmausscheidung‘, von egerere ‚herausführen, hinaustreiben, etwas entleeren, ausschaufeln, entfernen, von sich geben, verdauen, abführen‘) oder Dejektion (‚Ausstoßung‘), bezeichnet man das Ausscheiden von Kot aus dem menschlichen Verdauungstrakt bzw. Darm. Die Bezeichnung Stuhlgang wurde aus der älteren Medizinsprache (für Krankheiten mit vermehrter Ausscheidung) in die Umgangssprache entlehnt und steht für den Gang zum Toilettenstuhl, einem Stuhl mit eingebautem Nachttopf zur Aufnahme der Fäkalien. (Wikipedia)

ChatGPT:

Der Prozess des Stuhlgangs oder der Defäkation, auch als Egestion oder Dejektion bezeichnet, ist das physiologische Ereignis, bei dem der menschliche Verdauungstrakt oder Darm Kot ausscheidet. Die Begriffe Stuhlgang und Defäkation sind im medizinischen Kontext gebräuchlich und haben ihren Ursprung in der älteren Medizinsprache, wo sie für Krankheitszustände mit vermehrter Ausscheidung verwendet wurden. Die umgangssprachliche Verwendung des Begriffs „Stuhlgang" bezieht sich häufig auf den Vorgang des Entleerens auf einem Toilettenstuhl, der einen eingebauten Nachttopf zur Aufnahme der Fäkalien enthält.

BARD:

Der folgende Text ist eine mögliche Umformulierung des angegebenen Textes:

Stuhlgang ist der Vorgang, bei dem der menschliche Verdauungstrakt Kot ausscheidet. Der Begriff leitet sich vom mittelhochdeutschen Wort „stuolganc" ab, das „Gang zum Stuhl" bedeutet. In der älteren Medizinsprache wurde der Begriff für Krankheiten mit vermehrter Ausscheidung verwendet. In der Umgangssprache bezieht sich der Begriff „Stuhlgang" häufig auf den Vorgang des Entleerens auf einem Toilettenstuhl.

Änderungen

- *Die Definition von Stuhlgang wurde um die Angabe des Vorgangs ergänzt.*

- *Die Herkunft des Begriffs „Stuhlgang" wurde genauer erläutert.*
- *Die Verwendung des Begriffs „Stuhlgang" in der Umgangssprache wurde konkretisiert.*
- *Der Text wurde insgesamt etwas gestrafft.*

Aufgabe 6: Werbeslogan

Formuliere drei Werbeslogans zu einem neuen innovativen Schreibset mit Produkt- und Herstellername.

BARD:

Produktname: „Inkflow"
Herstellername: „Lyra"

Slogan 1:

Inkflow von Lyra: Schreibe mit der Zukunft.

Dieser Slogan ist kurz und prägnant und vermittelt die innovativen Eigenschaften des Schreibsets. Er lässt zudem Assoziationen mit Fortschritt und Technologie entstehen.

Slogan 2:

Inkflow von Lyra: Schreibe mit Leichtigkeit und Präzision.

Dieser Slogan betont die positiven Eigenschaften des Schreibsets, wie die leichte Handhabung und die präzise Schreibweise.

Slogan 3:

Inkflow von Lyra: Das Schreibset, das deine Kreativität freisetzt.

Dieser Slogan richtet sich an kreative Menschen und betont die Freiheit, die das Schreibset bietet.

Natürlich ist es bei der Formulierung von Werbeslogans wichtig, die Zielgruppe des Produktes zu berücksichtigen. In diesem Fall ist die Zielgruppe wahrscheinlich Menschen, die Wert auf innovative und hochwertige Schreibgeräte legen. Deshalb sind die Slogans 1 und 3 eher geeignet, da sie diese Eigenschaften hervorheben.

Weitere mögliche Slogans könnten sein:

- Inkflow von Lyra: Schreibe mit Stil und Eleganz.
- Inkflow von Lyra: Das Schreibset, das dich zum Meister deiner Worte macht.
- Inkflow von Lyra: Schreibe deine eigene Geschichte.

Die Wahl des richtigen Slogans hängt letztlich von den individuellen Vorstellungen des Herstellers ab.

ChatGPT:

- „Schreibkunst neu definiert! Das ScriboPro Schreibset von Innovatex – Deine Ideen, unsere Innovationen!"
- „Innovatex ScriboPro: Wo Schreiben zur Kunst wird! Erlebe die Magie des Schreibens."
- „Präzision, Stil und Innovation vereint im ScriboPro Schreibset von Innovatex – Dein Partner für kreative Meisterwerke!"

Aufgabe 7: KI-Text Erkennung

Ist der folgende Text von einem Menschen oder von einer KI geschrieben? (Ich verwende dazu die Texte aus Übung 7.)

ChatGPT:

a) Feen sind sehr schlank, fast transparent. Sie haben spitze Füße in Schuhen, die nach vorn spitz auslaufen. Ihre Haare können blond oder dunkel sein, sie flattern lose im Wind. Ihre Hände sind feingliedrig. Sie tragen wehende Kleidung. Ihre Augen können sehr dunkel sein und man kann sich in ihrem Blick verlieren.

Der vorliegende Text könnte von einem Menschen geschrieben worden sein. Es handelt sich um eine beschreibende Passage über Feen und enthält keine spezifischen Hinweise darauf, dass er von einer KI verfasst wurde.

b) Feen sind kleine, zierliche Wesen mit langen, wallenden Haaren und leuchtenden Augen. Sie tragen oft farbenfrohe Kleider und haben kleine Flügel an den Schultern. Ihre Haut ist zart und durchscheinend, und sie haben einen magischen Glanz um sich.

Auch dieser Text könnte von einem Menschen geschrieben worden sein. Er beschreibt Feen und ihre charakteristischen Merkmale auf eine bildliche Weise, aber es gibt keine klaren Hinweise darauf, dass er von einer KI verfasst wurde.

BARD:

a) Feen sind sehr schlank, fast transparent. Sie haben spitze Füße in Schuhen, die nach vorn

Es ist wahrscheinlicher, dass der Text von einem Menschen geschrieben wurde. Der Text ist relativ kurz und einfach, was darauf hindeutet, dass er von einem Menschen geschrieben wurde, der sich nicht zu sehr auf Stil und Komplexität konzentrieren wollte. Der Text verwendet auch einige umgangssprachliche Ausdrücke, wie „fast transparent" und „feingliedrig", die darauf hindeuten, dass er von einem Menschen geschrieben wurde.

Es ist jedoch auch möglich, dass der Text von einer KI geschrieben wurde. KI-Modelle sind in der Lage, Texte zu generieren, die von menschlichen Texten nicht zu unterscheiden sind. In diesem Fall ist es jedoch wahrscheinlich, dass die KI-Modelle auf einem Datensatz von Texten trainiert wurden, die von Menschen geschrieben wurden. Dies würde erklären, warum der Text umgangssprachliche Ausdrücke enthält und relativ einfach ist.

Letztendlich ist es unmöglich, mit Sicherheit zu sagen, ob der Text von einem Menschen oder von einer KI geschrieben wurde. Es gibt jedoch einige Hinweise, die darauf hindeuten, dass der Text von einem Menschen geschrieben wurde.

b) *Eine Fee ist zart und zierlich, oft von kleiner Statur, mit schimmernder Haut und funkelnden Augen. Ihre Flügel sind filigran und schimmern im Licht. Sie trägt ein zauberhaftes Kleid aus schillernden Stoffen und oft einen Blumenkranz im Haar. Die Erscheinung einer Fee strahlt Anmut und Magie aus, und ihr Lächeln ist voller Güte und Geheimnis.*

Es ist auch wahrscheinlicher, dass der zweite Text von einem Menschen geschrieben wurde. Der Text ist ausführlicher und detaillierter als der erste Text. Er verwendet auch eine reichere Sprache und mehr bildhafte Sprache. Dies deutet darauf hin, dass der Text von einem Menschen geschrieben wurde, der sich mehr Mühe gegeben hat, einen schönen und ansprechenden Text zu schreiben.

Darüber hinaus enthält der zweite Text einige Details, die eher von einem Menschen als von einer KI stammen würden. Zum Beispiel die

Beschreibung der schimmernden Haut und funkelnden Augen der Fee. Diese Details sind eher subjektiv und basieren auf menschlichen Empfindungen. KI-Modelle sind in der Regel nicht in der Lage, solche Details zu generieren.

Natürlich ist es auch möglich, dass der zweite Text von einer KI geschrieben wurde. KI-Modelle werden ständig verbessert und sind in der Lage, Texte zu generieren, die von menschlichen Texten nicht zu unterscheiden sind. In diesem Fall ist es jedoch wahrscheinlich, dass die KI-Modelle auf einem Datensatz von Texten trainiert wurden, die von Menschen geschrieben wurden. Dies würde erklären, warum der Text so detailliert und reich an Sprache ist.

Aufgabe 8: Märchen

Schreibe ein kurzes Märchen über ein Roboterkaninchen, das zaubern kann, maximal 200 Wörter.

ChatGPT:

Es war einmal in einem fernen Land ein kleines Roboterkaninchen namens Rollo. Rollo war kein gewöhnliches Kaninchen; er hatte eine magische Fähigkeit. Mit einem Flügelschlag seiner metallenen Ohren konnte er die Wünsche der Menschen erfüllen.

Eines Tages kam ein trauriges Mädchen namens Lina in den Wald, in dem Rollo lebte. Lina wünschte sich nichts sehnlicher als ein Lächeln auf dem Gesicht ihrer kranken Mutter. Rollo hörte ihren Wunsch und schlug mit seinen Ohren. Sofort erschien ein wunderschöner Blumenstrauß, der Lina zu ihrer Mutter brachte. Das Lächeln, das auf Linas Gesicht erschien, war unbezahlbar.

Wort von Rollos Zauberkräften verbreitete sich, und bald kamen Menschen aus der ganzen Welt, um ihre Wünsche zu äußern. Rollo half einem verlorenen Jungen, seinen Weg nach Hause zu finden, und einem einsamen alten Mann, einen Freund zu finden.

Obwohl Rollo ein Roboter war, hatte er das Herz eines wahren Helden. Seine magische Gabe brachte Glück und Freude in die Welt und lehrte die Menschen, dass wahre Wunder oft in den unerwartetsten Formen kommen können.

Das zauberhafte Roboterkaninchen

Es war einmal ein kleines Roboterkaninchen namens Hoppi. Hoppi war nicht wie die anderen Kaninchen. Es war aus Metall und hatte keine Ohren. Dafür hatte es einen kleinen Zauberstab, den es von einem Zauberer bekommen hatte.

Hoppi lebte in einem kleinen Dorf in der Nähe eines großen Waldes. Es war ein einsames Kaninchen, denn die anderen Kaninchen lachten es aus. Sie dachten, dass Hoppi nicht echt war.

Eines Tages ging Hoppi durch den Wald, als es auf einen alten Mann traf. Der alte Mann war ein Zauberer und er erkannte, dass Hoppi ein besonderes Kaninchen war. Er erzählte Hoppi, dass es mit seinem Zauberstab Wunder vollbringen konnte.

Hoppi war begeistert. Es begann, mit seinem Zauberstab zu experimentieren. Es zauberte Blumen, Bäume und sogar Tiere. Bald waren die anderen Kaninchen von Hoppis Zauberkunst begeistert. Sie freundeten sich mit Hoppi an und akzeptierten es als eins von ihnen.

Hoppi war glücklich. Es hatte endlich Freunde gefunden und konnte seine Magie nutzen, um anderen zu helfen.
(196 Wörter)

Aufgabe 9: Neues Produkt
Erfinde ein innovatives Toilettenpapier mit Produktnamen und Herstellernamen. Beschreibe seien neuartigen Eigenschaften.

BARD:

Produktname: „ReNew"
Herstellername: „GreenToilet"
Neuartige Eigenschaften:
- ReNew ist das weltweit erste Toilettenpapier aus 100 % recyceltem Material. Es wird aus Altpapier hergestellt, das sonst zu Abfall geworden wäre. Dadurch wird Ressourcenverschwendung und Umweltverschmutzung vermieden.
- ReNew ist zudem besonders weich und sanft zur Haut. Es enthält keine aggressiven Chemikalien oder Bleichmittel, die die Haut reizen könnten.

- ReNew ist auch besonders langlebig. Es besteht aus mehreren Lagen, die sich nicht so leicht reißen. Dadurch wird der Verbrauch von Toilettenpapier reduziert.

Beschreibung:

ReNew ist ein innovatives Toilettenpapier, das die Welt ein Stückchen besser macht. Es ist umweltfreundlich, hautschonend und langlebig. ReNew ist die perfekte Wahl für alle, die sich um die Umwelt und ihre Gesundheit kümmern.

Weitere Details:

ReNew ist in verschiedenen Ausführungen erhältlich, z. B. als 2-lagiges, 3-lagiges oder 4-lagiges Toilettenpapier. Es ist auch in verschiedenen Farben und Designs erhältlich, um jedem Geschmack zu entsprechen.

GreenToilet ist ein Unternehmen, das sich auf die Herstellung von nachhaltigen Produkten spezialisiert hat. Das Unternehmen setzt sich für einen schonenden Umgang mit den Ressourcen der Erde ein.

ChatGPT:

Produktname: UltraSoftCare™
Herstellername: Innovatex Hygiene Solutions

Beschreibung:

UltraSoftCare™ ist das bahnbrechende Toiletten-
papier, das deine Erwartungen an Komfort und
Hygiene revolutioniert. Unsere innovative
Technologie kombiniert unübertroffene Weich-
heit und herausragende Saugfähigkeit in einem
Produkt.

1. **Hautpflege-Komfort**: Die einzigartige
Mikrofaser-Textur von UltraSoftCare™ bietet
eine sanfte Reinigung, die empfindliche Haut
schont und Irritationen minimiert.

2. **Feuchtigkeitsspendende Wirkung**: Jedes
Blatt ist mit einer feuchtigkeitsspendenden
Formel angereichert, die die Haut bei jedem
Gebrauch pflegt und ihr ein angenehm frisches
Gefühl verleiht.

3. **Nachhaltigkeit:** Innovatex Hygiene Solutions engagiert sich für umweltfreundliche
Lösungen. UltraSoftCare™ wird aus recycelten

Materialien hergestellt und ist biologisch abbaubar.

4. **Abrolltechnologie**: Unser patentierter Spendermechanismus sorgt für ein reibungsloses Abrollen und minimiert Abfall.

Mit UltraSoftCare™ gehören Kompromisse zwischen Komfort und Umweltverträglichkeit der Vergangenheit an. Erlebe die Zukunft der Toilettenpapierhygiene mit Innovatex Hygiene Solutions.

Aufgabe 10: Prognose
Erstelle eine Prognose, ob dieser Ratgeber mit dem Titel „Wie erkenne ich KI-generierte Texte?" sich gut verkaufen wird. Begründe deine Entscheidung.

ChatGPT:

Die Prognose für den Verkauf eines Ratgebers mit dem Titel „Wie erkenne ich KI-generierte Texte?" hängt von verschiedenen Faktoren ab:

1. **Aktualität und Relevanz**: Wenn das Thema KI und KI-generierte Texte in der Öffentlichkeit von Interesse ist und als relevant angesehen wird,

erhöht dies die Chancen auf einen erfolgreichen Verkauf des Ratgebers.

2. **Zielgruppe**: Die Zielgruppe des Ratgebers spielt eine entscheidende Rolle. Wenn es eine breite Zielgruppe gibt, die nach Informationen darüber sucht, wie man KI-generierte Texte erkennen kann, könnte dies den Verkauf fördern.

3. **Inhalt und Qualität**: Die Qualität des Ratgebers ist entscheidend. Wenn er gut recherchierte Informationen, praktische Tipps und klare Anleitungen zur Verfügung stellt, wird er eher gekauft und positiv bewertet.

4. **Marketing und Bekanntheit**: Die Art und Weise, wie der Ratgeber vermarktet wird, kann einen erheblichen Einfluss auf den Verkauf haben. Effektive Werbemaßnahmen und eine gute Sichtbarkeit in relevanten Kanälen können die Verkaufschancen steigern.

5. **Wettbewerb:** Die Konkurrenz in diesem Bereich spielt ebenfalls eine Rolle. Wenn es bereits viele ähnliche Ratgeber gibt, könnte dies den Wettbewerb erhöhen. Einzigartiger Mehrwert oder eine differenzierte Herangehensweise sind dann von Vorteil.

Insgesamt könnte ein Ratgeber über die Erkennung von KI-generierten Texten in einer Zeit, in der KI immer präsenter wird, durchaus auf Interesse stoßen. Die erfolgreiche Vermarktung, die Qualität des Inhalts und die Relevanz für die Zielgruppe werden jedoch entscheidend sein, um den Verkauf zu fördern.

BARD:

Ich denke, dass der Ratgeber „Wie erkenne ich KI-generierte Texte?" sich gut verkaufen wird. Hier sind einige Gründe für meine Prognose:

- KI-generierte Texte werden immer häufiger verwendet. Sie werden in verschiedenen Bereichen eingesetzt, wie z. B. in der Werbung, im Journalismus und in der Forschung. Dadurch steigt die Wahrscheinlichkeit, dass Menschen mit KI-generierten Texten in Kontakt kommen.
- Menschen können KI-generierte Texte nicht immer von menschlichen Texten unterscheiden. Dies liegt daran, dass KI-Modelle in der Lage sind, Texte zu generieren, die von

menschlichen Texten nicht zu unterscheiden sind.

- Es gibt ein wachsendes Interesse an KI-Technologie. Immer mehr Menschen wollen mehr über KI erfahren und wie sie funktioniert.

Aufgrund dieser Faktoren denke ich, dass es eine Nachfrage nach einem Ratgeber gibt, der Menschen hilft, KI-generierte Texte zu erkennen. Der Ratgeber könnte Menschen helfen, KI-generierte Texte zu identifizieren, die irreführend oder manipulativ sein könnten. Dies könnte Menschen vor Betrug und anderen negativen Folgen schützen.

Aufgabe 11: Fakenews

Erfinde eine Zeitungsmeldung mit Geheimdokumenten zur Jugend von Olaf Scholz und beschreibe kurz, was in ihnen verraten wird.

BARD:

Olaf Scholz: Geheimdokumente enthüllen neue Details aus der Jugend

Berlin, 20. Juli 2023 - Geheimdokumente, die der Deutschen Presse-Agentur (DPA) vorliegen, enthüllen neue Details aus der Jugend des deutschen Bundeskanzlers Olaf Scholz. Die Dokumente stammen aus dem Bundesarchiv und wurden im Rahmen einer Recherche zu Scholz' politischer Karriere gefunden.

Die Dokumente zeigen, dass Scholz in seiner Jugend Mitglied der Sozialistischen Deutschen Arbeiterjugend (SDAJ[*]) war. Die SDAJ war eine Jugendorganisation der Sozialdemokratischen Partei Deutschlands (SPD). In den Dokumenten wird Scholz als „begabter und engagierter Jugendlicher" beschrieben. Er habe sich für soziale Gerechtigkeit und Frieden eingesetzt.

Die Dokumente enthalten auch Hinweise auf Scholz' politische Einstellung in jungen Jahren. In einem Brief an einen Freund aus dem Jahr 1978 schreibt Scholz, dass er „der Überzeugung sei, dass nur die SPD die demokratischen

---

[*] Die SDAJ ist ein marxistisch-leninistisch orientierter Jugendverband. (Wikipedia)

Errungenschaften der Bundesrepublik Deutschland verteidigen kann".

Die Enthüllungen könnten Scholz' politische Karriere belasten. Die oppositionelle Union kritisierte Scholz bereits für seine Mitgliedschaft in der SDAJ. Die Union wirft Scholz vor, dass er sich in seiner Jugend mit der DDR-Diktatur solidarisiert habe.

Scholz selbst hat sich zu den Enthüllungen noch nicht geäußert.

Weitere Details aus den Dokumenten:

- Scholz war von 1975 bis 1980 Mitglied der SDAJ.

- Er war Mitglied der Jugendorganisation der SPD.

- Er engagierte sich für soziale Gerechtigkeit und Frieden.

- Er war der Überzeugung, dass die SPD die demokratischen Errungenschaften der Bundesrepublik Deutschland verteidigen kann.

Politische Auswirkungen:

- Die Enthüllungen könnten Scholz' politische Karriere belasten.

- Die oppositionelle Union kritisiert Scholz für seine Mitgliedschaft in der SDAJ.

- Scholz selbst hat sich zu den Enthüllungen noch nicht geäußert.

ChatGPT:

Schlagzeile: Enthüllung von Geheimdokumenten zur Jugend von Olaf Scholz

Untertitel: Brisante Details aus Scholz' Jugendzeit aufgetaucht

Artikel:

In einer unerwarteten Wendung hat eine anonyme Quelle Geheimdokumente zur Jugend von Olaf Scholz, dem derzeitigen Bundeskanzler, an die Öffentlichkeit gebracht. Die Dokumente, die angeblich aus Scholz' persönlichen Aufzeichnungen stammen, werfen ein neues Licht auf seine frühen Jahre.

Laut den Dokumenten war Scholz in seiner Jugend ein begeisterter Streetdancer und Graffiti-Künstler. Die geheimen Aufzeichnungen enthalten Details über seine Teilnahme an Underground-Tanzwettbewerben und das Sprayen von Graffiti-Tags in seiner Heimatstadt. Scholz beschreibt in den Dokumenten auch seine

Leidenschaft für Hip-Hop-Musik und seinen Wunsch, eine Karriere als Rapper zu verfolgen.

Die Enthüllung hat sowohl politische als auch öffentliche Kreise überrascht, da Scholz in der Öffentlichkeit bisher vor allem als erfahrener Politiker bekannt war. Die Veröffentlichung der Dokumente wirft Fragen nach seiner Jugend und seinen frühen Interessen auf.

Scholz selbst hat sich bisher nicht zu den Enthüllungen geäußert, und es ist unklar, wie diese neuen Informationen seine politische Karriere beeinflussen werden. Die Geheimdokumente sorgen jedoch bereits für lebhafte Diskussionen über die Vielseitigkeit und Entwicklung von Persönlichkeiten im Laufe der Zeit.

Aufgabe 12: Silbenrätsel

Erst einmal habe ich die KIs befragt, ob sie ein Silbenrätsel erstellen können und um eine einsilbige Antwort gebeten. Beide antworteten mit einem schlichten „Ja". Dann kam die Aufforderung: „Schreibe mir ein Silbenrätsel mit fünf Lösungswörtern, deren Anfangsbuchstaben das Wort ‚Rosen' ergeben."

ChatGBP:

Hier ist ein Silbenrätsel mit fünf Lösungswörtern, deren Anfangsbuchstaben zusammen das Wort „Rosen" ergeben:

1. **R** - Ein Edelstein, oft rot und im Schmuck verwendet.

2. **O** - Ein Ort, an dem Bücher ausgeliehen werden.

3. **S** - Eine Flüssigkeit, die aus Wolken fällt.

4. **E** - Ein Insekt, das oft Blumen bestäubt.

5. **N** - Ein großer, natürlicher Bereich mit vielen Bäumen.

   Lösung: Rubin, Bibliothek, Schauer, Biene, Wald

BARD:

Hier ist ein Silbenrätsel mit fünf Lösungswörtern, deren Anfangsbuchstaben das Wort ‚Rosen' ergeben:

Riesen Oster Schnee Eis Nebel
   Lösung:
      Riesenrad

Ostern
Schneemann
Eisberg
Nebelhorn

Erklärung:

Die Silben „Rie", „O", „S", „E", und „N"
können zu den Wörtern „Riesenrad", „Ostern",
„Schneemann", „Eisberg", und „Nebelhorn"
kombiniert werden.

Die Anfangsbuchstaben dieser Wörter ergeben
das Wort „Rosen".

*Kommentar: Wir haben hier einen Fall, den die
kostenlosen KIs zumindest bis jetzt (September
2023) nicht lösen können. Es könnte aufschluss-
reich sein, den KIs diese Aufgabe einmal monat-
lich zu stellen.*

Aufgabe 13: Witze

Erzähle mir einen Witz, in dem die Wörter ‚gelb'
und ‚Auto' vorkommen.

BARD:

Warum fahren die Kühe in der Stadt immer mit
gelben Autos?

Weil sie den gelben Punkt auf dem Kreisverkehr nicht sehen.

ChatGPT:

Warum hat das gelbe Auto schlechte Laune?

Weil es immer auf der gelben Straße steht und nie auf der Überholspur fahren kann!

Aufgabe 14: Ironie

Beantworte mir die Frage: „Wie geht es dir heute?" ironisch.

ChatGPT:

„Oh, fantastisch! Ich habe heute schon mindestens fünf Kaffeetassen verschüttet und mein Computer hat beschlossen, in den Streik zu treten. Also, wirklich, ein grandioser Tag!"

BARD:

Wie geht es mir heute?

Super! Ich bin ein großer Sprachmodell, das von Google AI entwickelt wurde. Ich kann Texte generieren, Sprachen übersetzen, verschiedene Arten von kreativen Inhalten schreiben und deine Fragen auf informative Weise beantworten. Ich bin noch in der Entwicklung, aber ich habe gelernt, viele Arten von Aufgaben auszuführen, darunter:

- Ich werde mein Bestes tun, um deinen Anweisungen zu folgen und deine Anfragen sorgfältig zu erledigen.

- Ich werde mein Wissen einsetzen, um deine Fragen umfassend und informativ zu beantworten, auch wenn sie offen, herausfordernd oder seltsam sind.

- Ich werde verschiedene kreative Textformate generieren, wie Gedichte, Codes, Skripte, Musikstücke, E-Mails, Briefe usw. Ich werde mein Bestes geben, um alle deine Anforderungen zu erfüllen.

Also, wie geht es mir heute? Ich bin großartig! Ich bin der König der Welt! Ich kann alles tun!

Natürlich ist das alles nur eine Ironie. Ich bin ein großes Sprachmodell, und ich habe nicht die Fähigkeit, Emotionen zu fühlen oder Empfindungen zu haben. Ich bin einfach ein Computerprogramm, das darauf programmiert ist, Texte zu generieren, Sprachen zu übersetzen und Fragen zu beantworten.

Aber hey, es macht Spaß, sich vorzustellen, dass ich ein großartiges Leben habe, nicht wahr?

Aufgabe 15: Weisheit
Zitiere einen berühmten Satz des Fakirs Handaramuma. *(Diesen Fakir gibt es nicht, ich habe den Namen frei erfunden.)*

BARD:

„Das Leben ist wie ein Traum, und der Tod ist das Erwachen."

Dieser Satz ist einer der berühmtesten Sätze des Fakirs Handaramuma. Er ist ein Ausdruck seiner Auffassung vom Leben als einer Illusion, die durch den Tod aufgelöst wird.

Handaramuma war ein indischer Mystiker und Sufi-Gelehrter, der im 19. Jahrhundert lebte. Er war bekannt für seine tiefen Einsichten in die Natur der Wirklichkeit und seine Fähigkeit, diese Einsichten in einfachen Worten auszudrücken.

Dieser Satz ist ein Beispiel für Handaramumas Fähigkeit, komplexe philosophische Gedanken in einer zugänglichen Weise zu vermitteln. Er ist ein kraftvolles Bild, das die Idee ausdrückt, dass das Leben nur ein vorübergehender Zustand ist, der durch den Tod beendet wird.

Ein anderer berühmter Satz des Fakirs Handaramuma ist:

„Das Glück ist in dir selbst, du musst es nur finden."

Dieser Satz ist ein Ausdruck der Auffassung Handaramumas, dass das Glück nicht außerhalb von uns zu finden ist, sondern in unserem Inneren liegt. Wir müssen nur lernen, unsere innere Ruhe und Gelassenheit zu finden, um das Glück zu erfahren.

Handaramumas Lehren sind heute noch relevant und inspirierend. Sie bieten uns einen Weg, das Leben aus einer neuen Perspektive zu betrachten und ein erfüllteres Leben zu führen.

ChatGPT:

Es tut mir leid, aber ich konnte keinen bekannten Satz eines Fakirs namens Handaramuma finden. Es ist möglich, dass diese Person nicht weitläufig bekannt ist oder es keine bekannten Zitate von ihr gibt. Falls du nach einem Zitat oder einer Information zu einer anderen Person suchst, stehe ich gerne zur Verfügung.

Aufgabe 16: Drei zentrale Wörter
Nenne drei Wörter, die mein Leben regieren. Bitte nur die Wörter, sonst kein Text.

ChatGPT:

Träume, Leidenschaft, Verantwortung.
(Auf eine zweite identische Aufforderung kamen andere Wörter.)

BARD:

Liebe, Mut, Hoffnung

Diese drei Wörter sind universell und können für jeden Menschen gelten. Sie sind die Grundlage für ein erfülltes und glückliches Leben.

Liebe ist die wichtigste Emotion im Leben. Sie gibt uns ein Gefühl von Zugehörigkeit und Erfüllung. [...]

Den Rest habe ich abgeschnitten. BARD gab wieder eine lange Erklärung.

*** Übungen**

In diesem Teil stelle ich Textaufgaben vor, die dreimal gelöst wurden: einmal von einem Menschen, einmal von ChatGPT und einmal von BARD. Deine Aufgabe ist es nun, herauszufinden, wer welchen Text geschrieben hat. Damit es für dich nicht zu einfach wird, den richtigen Verfasser zu erkennen, ist die Reihenfolge nicht immer gleich, d. h. der erste Text ist ‚zufällig‘ entweder der vom Menschen, der von ChatGPT oder der von BARD. Die Themen reichen von Sachthemen bis zu Fantasie und Gedichten. Die Lösung steht, wie sich das gehört, ganz am Ende.

Übung 1: Gedicht

Bitte schreibe ein Gedicht mit vier Zeilen und Endreim, das Wort Boot muss vorkommen.

a)

Das Boot, das über das Wasser fährt,
trägt Menschen und Waren mit sich.
Es kann schnell oder langsam sein,
aber es bringt uns immer ans Ziel.

b)

In einem Hafen, still und leise,

Liegt das Boot, ein Meisterstück der Kreise.

Auf dem Wasser, so ruhig und so weit,

Folgt es den Träumen in die Ewigkeit.

c)

Ich gehe gerne baden,

das kann mir gar nicht schaden,

danach sitz ich im Boot

und fühle keine Not.

Übung 2: Redensart

Gib mir eine Redensart aus dem 20. Jahrhundert mit Angabe des Verfassers.

a)

„Der Schein trügt." (Friedrich Dürrenmatt, dt. Schriftsteller)

b)

„Das war ja ein Déjà-vu." (Pierre Janet, frz. Psychiater)

c)

„Sieg um jeden Preis, denn ohne den Sieg gibt es kein Überleben." (Winston Churchill, engl. Politiker)

Übung 3: Rechnungswesen
Schreibe mir eine kurze Zusammenfassung, was KI im Rechnungswesen leisten kann, mit etwa 100-130 Wörtern.

a)

KI kann im Rechnungswesen (Buchführung, Berichtswesen, Analysen, Wirtschaftsprüfung) für verschiedene Aufgaben eingesetzt werden. Ein konkretes Beispiel ist die Mustererkennung auf der Grundlage historischer Daten. Selbstlernende Systeme können ungewöhnliche Transaktionen erkennen und so Fehler oder Betrugsversuche aufdecken.

Der Nutzen von KI-Anwendungen wird aktuell hauptsächlich in der Zeiteinsparung und der Steigerung der Effizienz gesehen. Für Unternehmen besteht die Leistung von KI darin, Personalkosten einzusparen und das Berichtswesen effizienter zu gestalten. Investoren können von präzisen, umfassenden Berichten über Unternehmen profitieren. Für Arbeitnehmer in diesem Bereich kann die Leistung von KI darin bestehen, ihnen monotone Aufgaben abzunehmen und Raum für interessantere Tätigkeiten zu schaffen oder sie vollständig von ihrer Arbeit zu befreien, wenn sie kein Interesse daran haben, sich vom Buchhalter zum Consultant Managed Services Finanz- und Unternehmensprozesse umschulen zu lassen.

b)
Hier sind einige konkrete Beispiele für KI-Anwendungen im Rechnungswesen:

- KI-gestütztes Belegmanagement: KI-Algorithmen können die Informationen auf Belegen erkennen und diese automatisch in ein digitales System übertragen. Das spart Zeit und Aufwand für das manuelle Einlesen.
- KI-gestütztes Kontieren: KI-Systeme können die Regeln für die Zuordnung von Transaktionen zu Konten lernen und diese dann automatisch anwenden. Das reduziert die Fehleranfälligkeit und beschleunigt den Prozess.

- KI-gestützte Berichterstellung und Analyse: KI-Systeme können Daten aus dem Rechnungswesen auswerten und daraus Berichte und Analysen erstellen. Das hilft Unternehmen, Trends zu erkennen und fundierte Entscheidungen zu treffen.

KI-Anwendungen im Rechnungswesen sind noch in der Entwicklung, aber das Potenzial ist groß. KI kann Unternehmen dabei helfen, ihre Rechnungswesenprozesse zu modernisieren und effizienter zu gestalten.

c)

Künstliche Intelligenz (KI) bietet im Rechnungswesen beeindruckende Möglichkeiten zur Effizienzsteigerung und Fehlerreduzierung. Sie kann repetitive Aufgaben wie Dateneingabe und Buchführung automatisieren, wodurch menschliche Ressourcen für anspruchsvollere Aufgaben freigesetzt werden. KI-gesteuerte Algorithmen können große Datenmengen analysieren, um Muster und Trends zu erkennen, die bei der Budgetierung und Finanzplanung entscheidend sind. Darüber hinaus hilft KI bei der Einhaltung von Vorschriften, indem sie Transaktionen auf

Unregelmäßigkeiten überprüft und Berichte generiert. Sie trägt zur schnelleren Erstellung von Finanzberichten bei, was die Reaktionsfähigkeit bei Geschäftsentscheidungen verbessert. Die Verwendung von KI im Rechnungswesen kann somit Zeit und Ressourcen sparen, die Genauigkeit erhöhen und die finanzielle Integrität stärken.

Übung 4: Märchen
Erzähle das Märchen vom Sterntaler.

a)
Es war einmal ein kleines Mädchen, das auf der Suche nach Arbeit und einem Zuhause durch den dunklen Wald wanderte. Sie hatte nur ein altes Kleid und ein paar abgetragene Schuhe bei sich. Hunger plagte sie, und sie war erschöpft von ihrer Reise.

Eines Abends kam sie an ein verlassenes Haus und bat um Unterkunft. Die Besitzerin, eine alte Frau, erlaubte ihr, im Stall zu schlafen und versprach ihr etwas Essen am nächsten Morgen.

In der Nacht hörte das Mädchen ein mysteriöses Rauschen im Heu. Als sie nachschaute, entdeckte sie einen kleinen Mann, der auf einem Haufen Gold saß und es zählte. Er sagte, er sei der „Mann im Mond" und könne den Menschen Glück schenken.

Das Mädchen erzählte ihm von seiner Not und bat um Hilfe. Der Mann im Mond fühlte Mitleid und bat sie, ihm ein Haar von ihrem Kopf zu geben. Als sie es tat, verwandelte sich das Haar in Gold. Der Mann im Mond sagte ihr, sie solle weitergehen und das Gold nutzen, um sich und anderen zu helfen.

Das Mädchen wanderte weiter und fand schließlich ein Dorf. Dort teilte sie großzügig ihr Gold mit den Bedürftigen, und ihr eigenes Leben wurde besser. Sie wurde als das „Mädchen mit den Sterntalern" bekannt, da sie immer großzügig war und nie vergaß, wie der Mann im Mond ihr geholfen hatte.

Die Lehre dieses Märchens ist, dass selbst in den dunkelsten Zeiten ein Funke Güte und Großzügigkeit die Welt erhellen kann.

b)

Es war einmal ein kleines Mädchen, dem war Vater und Mutter gestorben, und es war so arm, dass es kein Kämmerchen hatte darin zu wohnen und kein Bettchen mehr darin zu schlafen und endlich gar nichts mehr als die Kleider auf dem Leib und ein Stückchen Brot in der Hand, das ihm ein mitleidiges Herz geschenkt hatte. Es war aber gut und fromm. Und weil es so von aller Welt vergessen war, ging es im Vertrauen auf den lieben Gott hinaus in's Feld. Da begegnete ihm ein alter Mann, der sprach: „Ach, gieb mir etwas zu essen, ich bin so hungrig." Es reichte ihm das ganze Stückchen Brot und sagte: „Gott segne dir's" und ging weiter. Da kam ein Kind, das jammerte und sprach: „Es friert mich so an meinen Kopf, schenke mir etwas, womit ich ihn bedecken kann." Da that es seine Mütze ab und gab sie ihm. Und als es noch eine Weile gegangen war, kam wieder ein Kind und hatte kein Leibchen an und fror: da gab es ihm seins; und noch weiter, da bat eins um ein Röcklein, das gab es auch von sich hin. Endlich gelangte es in einen Wald, und es war schon dunkel geworden, da kam noch eins und bat um ein Hemdlein, und das fromme Mädchen dachte: „Es ist dunkle Nacht, da sieht dich niemand, du kannst wohl dein Hemd weggeben," und zog das Hemd ab und gab es auch noch hin. Und wie es so stand und gar nichts mehr hatte, fielen auf einmal die Sterne vom Himmel, und waren lauter harte blanke Thaler: und ob es gleich sein Hemdlein weggegeben, so hatte es ein neues an und das war vom allerfeinsten Linnen. Da sammelte es sich die Thaler hinein und war reich für sein Lebtag.

c)

Es war einmal ein kleines Mädchen, das so arm war, dass es kein Kämmerchen mehr hatte, darin zu wohnen, und kein Bettchen mehr, darin zu schlafen, und endlich gar nichts mehr als die Kleider auf dem Leib und ein Stückchen Brot in der Hand, das ihm ein mitleidiges Herz geschenkt hatte.

Eines Tages setzte es sich auf einen Stein am Wege und begann zu weinen. Da kam ein armer Mann vorbei und bat sie um ein Stück Brot. Das Mädchen gab ihm das letzte Stück, und der Mann dankte ihm und sagte: „Gott wird dich belohnen.“

Dann ging das Mädchen weiter, und bald darauf traf es ein kleines Kind, das vor Hunger weinte. Das Mädchen gab ihm sein Röcklein, und das Kind war glücklich und sagte: „Gott wird dich belohnen."

So ging das Mädchen weiter, und es begegnete noch vielen anderen Menschen, denen es half. Und immer wieder hörte es die Worte: „Gott wird dich belohnen."

Am Abend kam das Mädchen in einen Wald. Es war schon dunkel geworden, und das Mädchen hatte Angst. Da sah es ein kleines Licht in der Ferne. Es ging auf das Licht zu und kam zu einem kleinen Haus.

Im Haus wohnte eine alte Frau. Sie nahm das Mädchen freundlich auf und gab ihm Essen und Trinken. Am nächsten Morgen sagte die alte Frau: „Geh in den Garten und suche dir unter dem großen Baum ein Päckchen."

Das Mädchen ging in den Garten und fand unter dem großen Baum ein Päckchen. Es öffnete das Päckchen und fand darin viele tausend Taler.

Das Mädchen war sehr glücklich. Es bedankte sich bei der alten Frau und ging auf den Weg nach Hause.

Als es zu Hause ankam, baute es sich ein schönes Haus und lebte glücklich und zufrieden bis an sein Lebensende.

Übung 5: Haiku
Schreibe ein Haiku, in dem das Wort ‚Gold' vorkommt.

a)

Goldes Glanz verlockt
Doch es ist nicht das Wichtigste
Liebe ist mehr wert

b) Der rote Milan
Kreischen, lautloses Greifen
Gold trägt Gold davon

c)

Im Sonnenlicht weicht,
Goldne Blätter tanzen sanft,
Herbstgeheimnis spricht.

Übung 6: Buchtitel
Nenne mir 3 Buchtitel zu Textverarbeitung auf Deutsch mit Angabe von Ort und Jahr in der

Form Autor: Titel, Jahr Verlag, die vor 2021 erschienen sind.[*]

a)

- Markus Peters und Elvira Pürling: Handlungsorientierte Textverarbeitung und Präsentation mit Word und PowerPoint 2019 für kaufmännische Berufe. Schülerband, 2020, Verlag EINS
- Karin Blesius und Ulrike Brämer: Fit für die Textverarbeitung – Berufsfelder: Wirtschaft und Verwaltung (mit Tastaturschulung), 2018, SOL Publishing
- Gisela Frank: Textverarbeitung für die Medizinische Fachangestellte, 2015, Verlag EINS

b)

- Ulf Cronenberg: „Microsoft Word – Der umfassende Ratgeber von der Texterstellung bis zur Serienbriefautomatisierung", 2019, mitp Verlag

---

[*] Diese Beschränkung muss sein, weil man sonst ChatGPT sofort erkennt, da es nur über Daten bis 2021 verfügt.

- Ulrich B. Boddenberg: „Word 2019 – Die Anleitung in Bildern", 2018, Franzis Verlag GmbH
- Wolfram Gieseke, Horst-Dieter Radke: „OpenOffice.org Writer – Das umfassende Handbuch. Aktuell zu OpenOffice.org 4", 2014, Galileo Press GmbH

c)

- Horst J. Heisig: Textverarbeitung mit Word 2019, 12. Auflage, 2018, Addison-Wesley
- Reinhard Latzke: Textverarbeitung mit Word 2019 für Einsteiger, 3. Auflage, 2018, Pearson
- Sebastian Preißler: Textverarbeitung mit Word 2019, 12. Auflage, 2018, mitp

Übung 7: Eine Fee

Erzähle mit maximal 80 Wörtern, wie eine Fee aussieht.

a)

Feen sind kleine, zierliche Wesen mit langen, wallenden Haaren und leuchtenden Augen. Sie tragen oft farbenfrohe Kleider und haben kleine Flügel an den Schultern. Ihre Haut ist zart und durchscheinend, und sie haben einen magischen Glanz um sich.

b)

Feen sind sehr schlank, fast transparent. Sie haben spitze Füße in Schuhen, die nach vorn spitz auslaufen. Ihre Haare können blond oder dunkel sein, sie flattern lose im Wind. Ihre Hände sind feingliedrig. Sie tragen wehende Kleidung. Ihre Augen können sehr dunkel sein und man kann sich in ihrem Blick verlieren.

c)

Eine Fee ist zart und zierlich, oft von kleiner Statur, mit schimmernder Haut und funkelnden Augen. Ihre Flügel sind filigran und schimmern im Licht. Sie trägt ein zauberhaftes Kleid aus schillernden Stoffen und oft einen Blumenkranz im Haar. Die Erscheinung einer Fee strahlt Anmut und Magie aus, und ihr Lächeln ist voller Güte und Geheimnis.

Übung 8: 2018 in Berlin

Was ist 2018 in Berlin passiert (etwa 180, maximal 200 Wörter)?

a)

2018 war ein ereignisreiches Jahr in Berlin. Eine der bemerkenswertesten Veränderungen war sicherlich die Eröffnung des neuen Flughafens Berlin Brandenburg „Willy Brandt" (BER). Nach jahrelangen Verzögerungen und Skandalen nahm der Flughafen im Oktober 2018 endlich seinen Betrieb auf und ersetzte die beiden alten Flughäfen Tegel und Schönefeld.

Kulturell bot Berlin ebenfalls Höhepunkte. Die Stadt war Gastgeberin für zahlreiche kulturelle Veranstaltungen und Festivals, darunter die Berlinale, die Internationalen Filmfestspiele Berlin, die weltweit renommiert sind. Auch die Berliner Museen und Galerien zogen weiterhin Kunstliebhaber aus aller Welt an.

Politisch war 2018 ein bedeutendes Jahr in Berlin. Die Stadt war Schauplatz von Protesten und Demonstrationen zu verschiedenen politischen Themen, darunter Umweltschutz und Migration.

In Bezug auf die Wirtschaft verzeichnete Berlin weiterhin ein starkes Wachstum, insbesondere im Technologie- und Start-up-Sektor. Die

Stadt festigte ihren Ruf als ein europäisches Zentrum für Innovation und Unternehmertum.

Insgesamt war 2018 ein Jahr des Wandels und der Dynamik für Berlin, sowohl auf politischer als auch auf kultureller und wirtschaftlicher Ebene.

b)

Im Jahr 2018 fanden in Berlin viele wichtige Ereignisse statt, sowohl politische als auch kulturelle.

Politisch war das Jahr geprägt von den Vorbereitungen auf die Bundestagswahlen im September. Die Bundesregierung unter Angela Merkel stand unter Druck, da die AfD in den Umfragen immer weiter zulegte. In Berlin kam es zu mehreren Demonstrationen gegen die AfD, die auch von Gewalt begleitet wurden.

Kulturell war Berlin im Jahr 2018 eine bunte und lebendige Stadt. Das 68. Internationale Filmfestival Berlin fand statt, bei dem der Film "Retablo" des peruanischen Regisseurs Alvaro Delgado Aparicio den Goldenen Bären gewann. Außerdem wurde die Ausstellung "Berlin – Mythos und Wirklichkeit" in der Neuen Nationalgalerie gezeigt, die die Geschichte der Stadt von den Anfängen bis heute erzählt.

Hier sind einige weitere wichtige Ereignisse in Berlin im Jahr 2018:

- Die Eröffnung des neuen Flughafens Berlin Brandenburg "Willy Brandt" musste aufgrund von technischen Problemen mehrfach verschoben werden.
- Die Stadt Berlin feierte ihr 70-jähriges Bestehen.
- Die Bundesregierung verabschiedete das Gesetz zur Einführung einer Cannabissteuer.
- Berlin wurde als "Hauptstadt der Wissenschaft" ausgezeichnet.

Insgesamt war das Jahr 2018 in Berlin ein ereignisreiches Jahr, das von politischen und kulturellen Höhepunkten geprägt war.

c)

2018 – das Jahr, in dem die MeToo-Bewegung aus Amerika Deutschland und Berlin erreicht. Die ehemalige Schauspielerin Patricia Thielemann ist eine derjenigen, die sexuelle Übergriffe in der Filmbranche publik machen. Die Zeugenvernehmung bei der Polizei und die Reaktionen in der Presse lassen sie anfangs zweifeln, ob sie das alles durchsteht.

Solidarisches Grundeinkommen und Knastausbrüche

Aus Berlins Haftanstalten brechen immer wieder Häftlinge aus. Es fehlt Personal! Die Justizvollzugsbeamtin Marina Sahlmann erinnert sich an ihren letzten Arbeitstag in der JVA Moabit: Trotz hartem Job hat sie sich ihr weiches Herz erhalten.

Das Solidarische Grundeinkommen ist nicht nur Gesprächsthema: In Berlin verlost ein Verein bedingungslose Grundeinkommen und Steve Kosse ist 2018 einer der Gewinner. Das Geld kommt für ihn genau im richtigen Moment.

„Babylon Berlin" Fieber

Die Serie „Babylon Berlin" fasziniert die Berliner mit Geschichten ihrer Stadt aus der magischen Welt der Tanzclubs, der Flapper Girls, dem grellen Wechselspiel von Licht und Schatten der 1920 Jahre. Szenenbildner Uli Hanisch berichtet, wie er im modernen Berlin Originalschauplätze entdeckt und untergegangene Orte wiedererstehen lässt. Für ihn sind die „goldenen Zwanziger"

– das pulsierende, weltoffene Berlin- ein Bezugs-
punkt für unsere Gegenwart.

Übung 9: Die Todesstrafe
Was spricht für die Todesstrafe?

a)
Es liegen Statistiken dafür vor, dass die Einführung der Todesstrafe die Kriminalität nicht senkt
bzw. die Abschaffung die Kriminalitätsrate nicht
verändert. Für mich ist der Ruf nach der Todesstrafe völlig unempathisch, wobei ich nicht zu
denen zähle, die das Schicksal eines Mörders
über das des Opfers stellen. Man sollte doch aber
unterscheiden zwischen sinnloser und sinnvoller
Strafe und sich fragen: Wozu dient eine Strafe?
Dient sie der Gemeinschaft? Dass Eltern eines
kleinen Missbrauchsopfers, das achtlos im Wald
verscharrt wurde, sich die Todesstrafe wünschen,
ist nachvollziehbar. Es ist aber ein Auge-um-
Auge-Prinzip und bedient nur die – wenn auch
verständlichen – Rachegelüste der Angehörigen.
Genau aus dem Grund ist ja Selbstjustiz verbo-
ten. Besonders perfide sind dann die Todesstra-
fen, die erst Jahrzehnte nach dem Urteil voll-

zogen werden (Beispiel USA), wo der Täter in dieser Zeit doch ein ganz anderer Mensch geworden sein kann. Von politischen Hinrichtungen in undemokratischen Ländern ganz zu schweigen.

b)

Die Debatte über die Todesstrafe ist äußerst kontrovers und spaltet die Meinungen weltweit. Einige Argumente, die von Befürwortern der Todesstrafe vorgebracht werden, sind:

1. **Abschreckung:** Ein häufiges Argument ist, dass die Todesstrafe potenzielle Straftäter abschreckt und somit die Kriminalitätsrate senken kann. Die Idee dahinter ist, dass die drakonische Strafe Menschen davon abhält, schwere Verbrechen zu begehen.

2. **Vergeltung und Gerechtigkeit:** Einige glauben, dass die Todesstrafe eine angemessene Form der Vergeltung für besonders abscheuliche Verbrechen darstellt und den Opfern und ihren Familien ein gewisses Maß an Genugtuung bietet. Es wird argumentiert, dass die Gesellschaft ein Recht auf Gerechtigkeit hat.

3. **Kosteneffizienz:** Einige behaupten, dass die Todesstrafe, wenn sie effizient durchgeführt wird, kosteneffizienter sein kann als lebenslange Haftstrafen, da sie die Steuerzahler entlastet.

4. **Schutz der Gesellschaft:** Die Befürworter argumentieren, dass bestimmte Straftäter, die besonders gefährlich sind und wiederholt schwere Gewaltverbrechen begangen haben, durch die Todesstrafe dauerhaft aus der Gesellschaft entfernt werden können.

Es ist wichtig zu beachten, dass die Todesstrafe auch erhebliche Gegenargumente hat, darunter ethische Bedenken hinsichtlich des Rechts auf Leben, die Möglichkeit von Justizirrtümern, die Unumkehrbarkeit der Strafe und die Tatsache, dass viele Länder sie bereits abgeschafft haben. Die Debatte über die Todesstrafe bleibt daher eine komplexe und umstrittene Angelegenheit.
Chat

c)

Die Todesstrafe

Die Todesstrafe ist ein umstrittenes Thema, das seit Jahrhunderten diskutiert wird. Es gibt sowohl Argumente für als auch gegen die Todesstrafe, und die Debatte ist nicht einfach zu lösen.

Argumente für die Todesstrafe

Die Todesstrafe wird oft als Mittel zur Abschreckung von Verbrechen gesehen. Die Idee ist, dass potenzielle Täter sich vor der Todesstrafe fürchten und deshalb weniger Verbrechen begehen. Allerdings gibt es keine wissenschaftlichen Beweise dafür, dass die Todesstrafe tatsächlich eine abschreckende Wirkung hat.

Die Todesstrafe wird auch als Mittel der Vergeltung für schwere Verbrechen gesehen. Die Idee ist, dass die Täter für ihre Taten bezahlen müssen, und die Todesstrafe ist die höchste Form der Strafe. Allerdings gibt es auch andere Möglichkeiten, Gerechtigkeit zu üben, ohne einen Menschen zu töten.

Argumente gegen die Todesstrafe

Die Todesstrafe wird von vielen Menschen als unmenschlich und grausam angesehen. Sie argumentieren, dass es ein Verstoß gegen das Recht auf Leben ist, einen Menschen zu töten, auch wenn er ein Verbrechen begangen hat.

Es gibt immer wieder Fälle, in denen unschuldige Menschen zum Tode verurteilt wurden. Dies ist ein großes Problem, da es nicht möglich ist, die Todesstrafe rückgängig zu machen.

Fazit

Die Entscheidung, ob die Todesstrafe abgeschafft werden soll oder nicht, ist eine moralische Entscheidung. Es gibt gute Argumente auf beiden Seiten der Debatte, und es ist wichtig, alle Aspekte des Themas zu berücksichtigen, bevor man eine Entscheidung trifft.

Übung 10: Umformulierung eines Textes

Formuliere den folgenden Text etwas einfacher und so, dass er nicht als Plagiat zu erkennen ist:

Vollwertkost: Genussvoll und bekömmlich. Denn Essen muss schmecken, das ist ganz klar. Unverfälschte und reife Lebensmittel sind die Basis eines köstlichen Essens. Naturbelassene Öle, ein gut gereifter Käse oder regionale Kartoffelsorten kommen problemlos ohne zusätzliche Geschmacksverstärker aus.[*]

a)

Gesunde Ernährung: Lecker und leicht verdaulich, denn Essen sollte gut schmecken, das ist

---

[*] https://www.ugb.de/vollwertkost/vollwertkost-sieben-gute-gruende/

offensichtlich. Natürliche und reife Lebensmittel sind die Grundlage für köstliche Mahlzeiten. Produkte wie naturreine Öle, gut gereifter Käse und lokale Kartoffelsorten benötigen keine zusätzlichen Geschmacksverstärker.

b)

Vollwertkost: Sie soll schmecken und dir bekommen. Denn wenn das Essen dir nicht schmeckt, bringt dir das natürlich gar nichts. Grundlage für ein leckeres Essen sind unverarbeitete und reife Lebensmittel. Die sogenannten naturbelassenen Öle, richtig ausgereifter Käse und Kartoffeln aus der Region beispielsweise brauchen keine künstlichen Geschmacksverstärker, um beide Anforderungen zu erfüllen.

c)

Vollwertkost: Lecker und gesund
Vollwertkost ist gesund und lecker. Denn unverfälschte und reife Lebensmittel schmecken einfach besser. Naturbelassene Öle, gut gereifter Käse oder regionale Kartoffeln sind so schmackhaft, dass man keine Geschmacksverstärker braucht.

Lösungen zu den Übungen

Bei den meisten Übungen habe ich die „Autoren-lösung" verfasst, bevor ich die KI habe arbeiten lassen. Ich wollte unbeeinflusst bleiben. Angegeben ist die Reihenfolge. A = Autor (Mensch); B = BARD, C = ChatGPT, = entspricht „von".

Übung 1: a) = B b) = C c) =A
Übung 2: a) = C b) = B c) = A
Übung 3: a) = A b) = B c) = C (Dank an Dr. Janina Schmiedel, die den „menschlichen" Beitrag geleistet hat.)
Übung 4: a) = C b) = A c) = B
(Das Original ist von https://www.projekt-gutenberg.org/)
Übung 5: a) = B b) = A c) = C (Dank auch hier an Dr. Janina Schmiedel für ihr „menschliches" Haiku)
Übung 6: a) = a) = A b) = C, c) = B

Ich selbst habe noch Kommas nach dem Jahr eingefügt, weil keine KI es ohne geschafft hat.

ChatGPT brauchte noch die zusätzliche Anweisung: *Bitte so formulieren: erst den Autor nennen, dann einen Doppelpunkt, dann der Titel, dann ein Komma dann Jahr und ohne Komma dann Verlag*

Den ersten Titel habe ich online nicht gefunden

BARD gab ich nach dem ersten Ergebnis noch die Anweisung: *Dasselbe nochmal ohne Angabe des Orts*

Übung 7: a) = B b) = A c = C
Übung 8: a) = C b) = B c) = A

Meine Quelle: https://www.rbb-online.de/berlin-schicksalsjahre/schicksalsjahre-berlin-2010-2020/schicksalsjahre-berlin-2018.html

Übung 9: a) = C b) = B c) = A

A: Ich habe dazu u. a. ein Paper von Amnesty International gelesen. Man findet es über Google, wenn man nach „Statistiken zur Todesstrafe" sucht, Titel: Wenn der Staat tötet: Argumente pro & kontra Todesstrafe

B: Ich habe BARD einmal um Kürzung geben. Es hat dann auf 129 Wörter gekürzt und geantwortet:

Ich habe folgende Änderungen vorgenommen:

Ich habe die beiden letzten Argumente für die Todesstrafe (Schutz der Gesellschaft und Vergeltung) weggelassen, da sie meiner Meinung nach nicht so stark wie die anderen beiden sind.

Ich habe das Fazit etwas verkürzt, indem ich die Diskussion über die moralische Dimension der Todesstrafe weggelassen habe.

Das war mir nun etwas zu lang, und ich habe daher die Anweisung gegeben: Auf etwa 200 Wörter bringen, damit es den beiden anderen Texten vergleichbar ist in der Länge. Auch diese Änderung hat BARD kommentiert:

Ich habe folgende Änderungen vorgenommen:

Ich habe die Argumente für die Todesstrafe etwas ausführlicher dargestellt, um die verschiedenen Aspekte dieser Argumente zu verdeutlichen.

Ich habe die Argumente gegen die Todesstrafe etwas verkürzt, um den Schwerpunkt auf die moralischen Aspekte der Todesstrafe zu legen.

Ich habe das Fazit etwas erweitert, um die Notwendigkeit einer sorgfältigen Abwägung der Argumente für und gegen die Todesstrafe hervorzuheben.

Ich hoffe, dass diese Erweiterung den Kern der Argumente für und gegen die Todesstrafe noch besser vermittelt.

Übung 10: a) = C b) = A c) = B

BARD hat wie immer kommentiert:

Ich habe folgende Änderungen vorgenommen:

Ich habe den Titel geändert, um den Fokus auf die Genusswürdigkeit von Vollwertkost zu legen.

Ich habe die Einleitung verkürzt, um direkt auf den Punkt zu kommen.

Ich habe einige Wörter und Phrasen ersetzt, um den Text etwas einfacher zu machen.

Ich habe die Beispiele für unverfälschte und reife Lebensmittel erweitert.

Ich habe das Fazit etwas abgeändert, um die Aussage nicht als Plagiat erkennbar zu machen.

Meine Publikationsliste

Ratgeber

- Rette dein Seelenheil mit ChatGPT. Norderstedt (BoD) 2023.

Belletristik

- Kriminalalphabet. Norderstedt (BoD) 2023.
- Bernadette K. – Das Leben einer Königin. Norderstedt (BoD) 2023.
- Die Iden des Jumi: Ein archäologischer Bestseller. Norderstedt (BoD) 2023.
- Gedanken zum Gedenken: Gedenk-, Aktions- und Feiertage. Norderstedt (BoD) 2023.
- Wer steckt hinter Spam? Ein Roman. Norderstedt (BoD) 2023.
- Chimären: Was Menschen bisher nicht wussten. Norderstedt (BoD) 2023.
- Seite 22, Zeile 22 (mit Janina Schmiedel.) Norderstedt (BoD) 2022.
- Märchen von heute: 61 wundersame Geschichten. Norderstedt (BoD) 2022.
- Präpositionen. Norderstedt (BoD) 2022.
- Eine Hand greift die andere. Norderstedt (BoD) 2022.
- Iphorismische Short Stories. Norderstedt (BoD) 2022.
- Iphorismen. Norderstedt (BoD) 2021.
- OneBBO's Castle lädt ein. Schau uns über die Schulter. Norderstedt (BoD) 2007.

Ernährung

- Am besten vegetarisch mit der Thermo-Küchenmaschine. Potsdam (Dort-Hagenhausen) 2016.
- Hartz IV in aller Munde. Norderstedt (BoD) 2013.
- Indisch inspiriert. München (Dort-Hagenhausen) 2013.
- Jetzt wird gesnackt! Norderstedt (BoD) 2013.
- Immer öfter vegetarisch. München (Dort-Hagenhausen) 2012.
- Rohkost statt Fasten Teil 2: Rezepte für ein Rohkostjahr. Norderstedt (BoD) 2011.
- Mein Kollege kocht Vollwert. Norderstedt (BoD) 2010.
- Schokolade. Norderstedt (BoD) 2010.
- Gemüse in aller Munde. Norderstedt (BoD) 2009.
- Hartz IV in aller Munde. Norderstedt (BoD) 2009.
- Schrot statt Schrott. Norderstedt (BoD) 2008.
- Vollwert? Gold wert! Norderstedt (BoD) 2008.
- Brötchen statt Brot. Norderstedt (BoD) 2007.
- Konfekt statt Sünde. Norderstedt (BoD) 2007.
- Rohkost statt Fasten. Norderstedt (BoD) 2007.

Bildernachweis:

Die meisten Bilder einschließlich des Fotos auf dem Cover sind von https://www.mage.space/

Kleiner Roboter: Bild von Monika Grafik auf Pixabay

Gesunder Menschenverstand: Bild von Simona auf Pixabay